JN057040

ブックレット新潟大学

未来を歩くためのスキル
―AI時代に求められる意思決定力―

田中 一裕

新潟日報事業社

も　く　じ

▌はじめに▐

　本書は、読者の皆さんがこれから大切な選択を行う際に、より良い選択ができるように、意思決定について多様な学問の視点から考えられる構成にしました。私たちが日頃行っている数多くの意思決定について、そのプロセスを詳細に分析し理解することで、より良い意思決定を行うことができるような構成としました。

　第1章では無意識に行われている身体の中の連続的な意思決定について、生物学的・医学的な視点から紹介します。第2章では数学を用いた意思決定として合理的意思決定を歴史的な発展と現在の具体例とともに取り上げます。第3章では数学や心理学を経済学に応用する限定的意思決定について、身近な例をもとに解説するとともに、また第4章では意思決定に必要な情報の確かさについて、心との関係やインターネット時代における意思決定の特徴を取り上げます。第5章ではコンピュータ、AI（人工知能）の意思決定の仕組みを理解することで、私たち自身の意思決定の仕組みを考察します。さらにAIの能力を意思決定に応用することで、これまでの産業や生活が大きく変化する事例を取り上げます。また第6章ではAIのこれからの変化を予想し、私たちの心との関係性を取り上げます。

　今後、科学技術の急速な発展が、私たちの意思決定に大きな影響を与えることが予想されます。意思決定という思考の仕組みに興味を持っていただき、本書の中から皆さんが未来に生きるヒントを見つけていただければ幸いです。

第1節　魔法使いとAI

　あるとき、魔法使いがあなたのところに来て「世界から100人のすば
らしい結婚相手を探してきた。1人選んで良い。ただし、1人目から始
めて、1人ずつYesかNoを決めてもらう。決めた人のところで最終決定
とする」という条件を出してきました。すばらしい結婚相手ばかりで
す。あなたはどうやって、最も自分に合った相手を選ぶでしょうか？

　このような条件がついている意思決定は、結婚相手や、進路先を決め
るときなど重要な意思決定の状況に共通しています。自分が選ぶことが
できる全ての選択肢を見ることの難しさ、選んだ選択肢が自分にとって
最適なものであるかどうか未来を予想する難しさなど、不確実な要因が
数多くあるため、意思決定を難しいものにしています。全ての選択肢
（この場合は100人の結婚相手）を見ることができれば、多少後悔はない
かもしれません。また全ての選択肢の結果を考えてみたとしても、不安
はつきまといます。ノーベル経済学賞を受賞したハーバート・A・サイ
モンは、「私たちが選択する際に、全ての選択肢を見ることは不可能で
ある」と言っています（確かに世の中の全ての結婚対象者に会うことは
できません）。また「人は、一度に3〜4つの選択肢を比較して考える
ことが精一杯である」と人の限界を述べています。このような意思決定
を「不確実性を持つ意思決定」と呼びます。それでも大切な意思決定を
行うときには、可能な限り選択肢を思い浮かべ、それぞれを選んだ場合
の結果を十分に予想しなければ、後悔することになるでしょう。

　ところが、21世紀に入り、コンピュータ・インターネット・AIが結
びつき、意思決定の方法を大きく変化させています。世界中の結婚相手
全てを探して会う必要はなくなりました。スマートフォンやコンピュー
タでいくつかの条件をクリックすれば、AIがあなたにピッタリと思え

る相手を瞬時に何名も選んでくれます。AIのお薦めの中から、あなたが気に入った人と実際に会うこともなく、ときには地球の裏側にいる人でも、チャットやメールで話をして、結婚することも可能です（既に多くのカップルが結婚しています）。あなたは自宅のソファで、スマートフォンから瞬時に最適な結婚の候補者を探せる時代になったのです。このような意思決定に至るプロセスの大きな変化が、多様な分野で急速に進んでいます。特に世界的な巨大企業グループは、多大な開発費をかけて自社の活動だけではなく、新しい分野にも次々進出し、コンピュータ・インターネット・AIの力を借りて新しい意思決定システムを作り上げ、巨額な利益を既にあげています。

第2節　意思決定における倫理的問題

　意思決定の場面では、とても難しい判断を迫られることがあります。次の事例の場合、あなたはどのような決定を行うでしょうか。

＜設問1＞「救急医療問題」

　「あなたは救急医療現場で働くただ1人の医師です。大きな事故で、今すぐ治療が必要な1人と、軽傷の10名の患者が運ばれてきました。あなたは①②のどちらを優先的に、救急医療を行いますか？
　　①現在は生命の危険は小さいが、治療を行わなければ生命に危険が及ぶ10人の患者」
　　②今すぐ治療しなければ助からない1人の患者

＜設問2＞「トロッコ問題」

　「トロッコ（荷物を運ぶ貨車）が暴走し、そのまま直進すれば線路上で工事をしている5名の作業員を撥ね飛ばしてしまいます。あなたはたまたまレールの切り替えポイントに立っていて、レールを切り替えると別のレールへとトロッコを誘導できますが、誘導した先には1人の作業員がいて、この作業員を撥ね飛ばしてしまいます。

　①ポイントを切り替える（1人が死亡）

　②ポイントを切り替えない（5人が死亡）

　　あなたは、ポイントを切り替えますか、切り替えませんか？」

＜設問3＞「自動運転車プログラム問題」

　「あなたは自動運転車のプログラマーです。自動運転車の走行中、飛び出してきた親子連れがいて、このままでは急ブレーキをかけても跳ねてしまいます。ところが道路の反対側の壁にハンドルを切ることで親子連れを跳ねることを避けられそうですが、乗車している人が大きな怪我を負うことになります。

　①ハンドルを切って壁に激突するプログラムを作成（乗っている人が大きな怪我か死亡）

　②ブレーキを踏み続けるというプログラムを作成（親子連れが跳ねられ大怪我か死亡）

　どちらのプログラムを作成しますか？」

　私が講義などで高校生や大学生に質問した結果、設問１、２、３のそれぞれの設問で、多くの人が①を選びました。その理由をたずねると設問１・設問２では、「より多くの人を救うため」、設問３では「親子連れを助けるため」と答えています。あなたなら、それぞれの設問でどちらの選択肢を選びますか？

　上記の３つの状況では、最適な答えが見つからない困難な意思決定と言えるでしょう。この意思決定（プログラム）をAIに完全に任せることは可能でしょうか。あくまでも人間が判断を行い（プログラムを作成し）実行させるべきでしょうか。救急医療問題やトロッコ問題、自動運転車問題においても、絶対的な正解がない意思決定では、「最も正解に近いと考えられる解」を選択するしかありません。人はこれまで多くの状況で、意思決定を行ってきました。コンピュータやAIがその支えとなることはあっても、意思決定そのものを完全に任せることができない状況は今後も存在し続けるでしょう。

　本書では、多様な意思決定について深く考えてみたいと思います。

　また巻末に、参考となる文献を紹介してあります。それぞれの章の中で興味を持ったところをさらに深く知りたい、また調べたいときには参考にしてください。近年ではインターネット上でも多くの専門家が、やさしく解説しているものもあります。

第1章　身体の中の連続的な意思決定

第1節　その行動は意識的？　それとも無意識？

　私たちは、日常的に多様な決定を連続的に行っています。朝、目覚まし時計で起きて、顔を洗うのか、歯を磨くのか。目の前の朝ご飯は、先にコーヒーを飲むのか、パンにジャムをつけるのか、今日は傘を持って行くのかなど、この先も次々と意思決定が続きます。私たちの生活は、数百、数万もの意思決定の連続の上に成り立っていると言えるでしょう。日常生活の中の意思決定には「無意識に行っているもの」、「意識的に行っているもの」、「そのどちらとも言えないもの」があります。

　意思決定のプロセスを分解すると、次のようになります。

　①情報の入力（インプット）：「目覚まし時計のアラーム音を聞く」

　②情報を分析（理解）：「起きる時間であることを思い出す」

　③意思決定（選択）：「まだ寝ていたいが、起きることを決める」

　④行動（アウトプット）「アラームを消して、ベッドから出る」

　情報の種類には、目（視覚）・耳（聴覚）・鼻（嗅覚）からの情報、手足・皮膚（触覚）などから受ける情報、メディアなどからの情報など多様なものがあります（①）。その情報が脳に届くと脳は全力で、その情報を分析（②）します。その情報の分析に対して、自分が取るべき行動を決定（③）し、その決定を行動（④）に移します。

　ところが、熱いものを触ったときにすぐに手を引っ込めたり、飛んできたボールを避けたりする場合、①から④までのプロセスを踏みません。コンビニでお昼ご飯を選ぶことや、就職先を選ぶこととは異なって

います。熱いものを触ったときや、突然自転車が飛び出してきた場合、②情報の分析と、③意思決定を意識することなく、①の情報の入力から④の行動へと飛び越えて対応をしています。いわゆる「反射的に避ける」という行動で、時間にすると約0.1秒だそうです（飛んできたボールや、飛び出してきた自転車を避けるにはこの速さが必要です）。

　情報や刺激にもとづいて①から④のプロセスを経て行う意思決定を「反応」と呼び、これは大脳が関わって起こす行動です。一方、突然のボールを避ける行動は「反射」と呼び、これには大脳が関わらず「脊髄」からの命令が行動につながっています。何かの条件がついたときに「反射」を起こす「条件反射のパブロフの犬」の例は有名です。

第2節　身体が発する命令

　情報の伝達経路を医学的にみた場合、私たちの身体には「神経」が全身を巡っています。特に「末梢神経」は、機能的に「体性神経系」と「自律神経系」に分類され、さらに「体性神経系」は、目耳鼻・手足皮膚から脳に情報を送る「感覚神経」と、脳から身体の各部分に指令を伝える「運動神経」に分けられます。感覚神経は伝達経路が末端（手足、皮膚など）から中心（大脳）に向かっているので、「求心性神経」とも呼ばれています。運動神経は、意思決定内容を筋肉などに伝える働きをしており、大脳皮質から発せられた指令を身体の各部位に伝えるための神経で「遠心性神経」とも呼ばれています。一方「自律神経」は、大脳の命令ではなく「脊髄」が数多くの器官を動かす命令を出しています。自分の意思で、心臓や胃の動きを止められないのはそのためです。

　私たちひとりひとりの身体の中では、多様な環境の変化に応じて、体温や血糖値、血圧などの生理的状態を正常に維持する機能を持っていま

す。キャノンは「自律神経系（特に交感神経）とそれにより支配される
アドレナリン分泌器官である副腎髄質が、様々な体の内外の環境因子
（寒冷や痛みなど）のストレス刺激が身体を襲ったときに、体内の状態
維持のために重要な役割を果たす」ことを明らかにしました。自律神経
は、内分泌因子（ホルモン）の放出の調節を行い、その作用は強力で、
わずかな量でもホルモンが標的の細胞に達すると様々な細胞機能の調節
が起こります。自律神経は脳の視床下部という部分によって支配され、
全身に分布し、血管、胃、腸管、肝臓、腎臓、膀胱、性器、肺、瞳孔、
心臓、汗腺、唾液腺、消化腺などへ命令を出しています。このように、
私たちの身体の正常的な維持を行う多くの部分が、大脳による意思決定
と離れて行われていることは、それほど意識されていません。身体を正
常に維持するメカニズムを内部に持っている私たちですが、暴飲暴食や
睡眠不足、アルコールやドラッグなど、自らの意思でそのメカニズムを
乱す行動を選ぶこともできれば、バランスの取れた食事や適度な運動、
十分な睡眠などを選び、正常な働きを促進する行動を取ることもできま
す。私たちの身体が、あたかも自動的に維持されているように考えられ
ていますが、多様な環境に応じて詳細な意思決定が体内で行われ、命令
が全身を巡っていることを思い浮かべてみましょう。

第 2 章　　合理的意思決定

第 1 節　　日常の中の意思決定

　あなたは何かを決める際に、自分の直観を信じるタイプでしょうか？
お店で気に入った服が 2 着あり決められないときや、ランチで 2 つのプ
レートから選べないときなど、1 分考えますか？　5 分ですか？　レジ
の後ろに何人も行列しているようなシチュエーションでは、焦ってしま
います。そんなときに思い切って「こちら」と選び、その結果に満足す
る場合や、後悔する経験はありませんか。では、直観と意思決定にはど
のような関係があるのでしょうか？

　テニスを始めるためにスポーツ店に入り、テニスラケットを探してい
る状況を想定します。実力に合ったテニスラケットを何十種類もある中
から探すことはとても難しいことです。このような状況では、テニスを
既に始めている先輩や友人からアドバイスをもらいながら決める人もい
れば、スポーツ店のテニス売り場担当者にアドバイスをもらいながら決
めることもできます。大切な意思決定を行う場面では、直観だけでは不
安になるからです。

　恋人を決める場合はどうでしょうか？　2 人の候補がいて、どちらか
にクリスマスプレゼントを贈り告白したい状況で、親友に相談すること
もあると思いますが、親友の決定通りに相手を決めますか？　自分自身
の気持ちを最優先して決めますか？　外からの情報やアドバイスをどの
程度意思決定に反映させるのか、それとも自分自身の感情をどの程度意
思決定に反映させるのか、人それぞれ異なることでしょう。

　直観で意思決定を行う場面では、これまでの自分自身の経験などから得た知識が決定の理由として（そのときには説明できないけれど、後になって振り返ることができる場合もありますが）、素早く行っているわけです。つまり経験や知識が何もない場合には、直観は使えないということになります。自分自身に経験や知識がない場合（テニスを始めるなど）は、友人やインターネットなどの情報から意思決定のために必要だと考えられる情報を選び、意思決定の助けとします。

　その一方、私たちは毎日、朝起きてから学校や職場に向かうまで、ルーチン化した行動を実行しています。朝寝坊をしてベッドの中で過ごす朝の快適さは誰もが知っているにもかかわらず、当然のように月曜から金曜まで決まった行動を無意識に実行しているわけです。このような毎日の行動のもとになっている意思決定は、意識されずに無意識の中で実行されることも多く（ヘッドフォンで音楽を聴きながら、スマホを見て、電車のつり革につかまり、降りる駅を確認しているなど）、ひとつひとつの意思決定の手間を省くルーチン化した行動様式も多く見られます。

　毎日同じ電車に乗り、同じ駅で降り、同じ道順で学校に向かうことを１カ月も繰り返すうちに電車に乗り遅れることも、駅を乗り過ごすこともなく、駅から学校への道も確認することなく到着することができるようになります。毎日同じことを繰り返し行うことで、ひとつひとつの物事の意思決定にかかる時間を短縮することが可能になります。

　特にスポーツの面では、ルーチン化が意思決定を容易にしています。卓球のラリーを想像してみてください。時速100キロ以上のボールを連続して打ち返すためには（相手が打ってからこちらでバウンドするまで約0.2秒だそうです）、情報の入力から行動までルーチン化されなければ、

ラリーを行うことは困難です。練習でラリーを繰り返す経験から、パターンを身体に覚え込ませて初めて、素早い連続したラリーに対応できるわけです。

　このような意識されない意思決定と、深い熟考を重ねた意思決定との関係は現在も研究中です。反射的行動や本能的欲求にもとづく意思決定、過去の経験や知識からの直観的意思決定、理性による熟考を重ねた意思決定など、まだまだ解明されていない部分が多く残っています。

第2節　数学の応用

　古代エジプトでは、ナイル沿岸で高度な文明が発展しました。その文明の源となったものがナイル沿岸での農業の発展です。ナイル川は毎年定期的に、数カ月かけてゆっくりと川面（かわも）を上昇させます。そのときに上流からの肥沃（ひよく）な土砂が下流の沿岸に堆積（たいせき）し、その後数カ月かけて川面が下降したところで、農業が始まります。多くの人がこの肥沃な土地に集中し、穀物を栽培していました。ところが毎年自分が栽培している場所が堆積物のために分からなくなり、自分の土地を主張するために多くの人が対立したことから、測量のための知識と技術が誕生しました。

　また、古代インドでは、十進法を使った重量・距離の計量法が行われており、天文関係の推測を行うために洗練された計算方法を使っていたと考えられています。

　このように、世界各地で古くから多様な問題を解決するために、幾何学や数学が生み出され様々な意思決定に応用されていました。幾何学や数学は意思決定の根拠として大変有効な方法であったわけです。

第3節　第1次世界大戦、第2次世界大戦での応用

　人の生活を豊かにするはずの意思決定の方法が、皮肉なことに戦争中に大きく発展し、現在に形を変えて引き継がれています。

　第1次世界大戦中、戦闘機を開発していたエンジニアのランチェスターは、戦争で戦闘機があげる成果を研究し、兵力数と武器性能の関係が相手に与える損害量を決めることを明らかにし、戦闘機を中心とした軍事作戦の決定に大きく寄与しました。

　第2次世界大戦中には、のちにノーベル物理学賞を受賞するブラケットが指導者となり、イギリス海軍にオペレーションズ・リサーチ（Operations Research、以後OR）グループが結成され、ドイツのUボート（潜水艦）からイギリス商船を守るための護送船団方式について研究を行い、軍事作戦において成果をあげました。また同時期にアメリカ空軍でも同様のORの研究が始まっていました。ORは、このように軍事戦略上の問題を解決するための方法を研究したのが始まりです。第2次世界大戦以後、ORの軍事作戦の科学的な分析方法が、企業内の生産管理などに応用されます。1960年代以後コンピュータの開発により企業でも活用が進み、OR研究の中でも数理計画法として線形計画法、動的計画法など有力な手法が開発され、企業や政府など様々なところで普及し、実践・応用されます。現在ORは、様々な条件や、次々に変化する状況で、数学や統計学を用いた数理的なモデルを構築し、分析することで最適な解決策を求める手法として、多様な意思決定問題の解決に貢献しています。

第4節　数理計画法の発展

　あなたが1泊2日の登山に行く場合、ナップサックに必要最小限度の

荷物を詰めることを考えてみましょう。限られた容量のナップサックに何をどれくらい優先的に入れる必要があるでしょうか。

　このように複数の制約条件（荷物の総容量とナップサックの容量）のもとで、目的関数を最大（最小）にする解（最も良い荷物の組み合わせ）を求める方法の総称を数理計画法と呼び、第2次世界大戦以後、特に企業の経営に応用され発展します。企業の目的は利潤の最大化だけではなく、企業の成長、市場占有率の拡大、雇用の維持など企業の拡大や安定など多様なものがあげられます。

　数理計画法には、①線形計画法（生産計画問題、セールスマン巡回問題、ナップサック問題など）、②非線形計画法（動的計画法など）があります。

①線形計画法
　線形計画問題を解くための手法で多くの分野に応用されています。線形計画問題とは最適化問題の1つで、ある特定の条件の下で関数の最大値や最小値について求める問題です。その条件と関数が1次式で表されるもので「1次不等式で表される領域内で、1次式の値を最大化（または最小化）する問題」と言えます。高校の教科書では数学Ⅱの「領域における最大・最小」の問題に近い内容です。問題例は次のようなものです。

＜問題例1＞「生産計画問題」
　「あるケーキ工場で、チョコクッキーをx箱、チョコカップケーキをy箱作る予定です。チョコクッキーの1箱あたりの製作に機械1を1時間、機械2を3時間使用します。チョコカップケーキの製作には機械1

を2時間、機械2を2時間使用します。

　機械1は全部で10時間、機械2は全部で18時間だけ使用することができる場合、チョコクッキーとチョコカップケーキを合わせた箱の数の最大は、いくつとなるでしょうか」

　この問題を数学的に解いた場合は次の通りになります。「(x，y) が連立方程式 x ≧ 0、y ≧ 0

　　x + 2 y ≦10、3 x + 2 y ≦18

を満たし変化するときの x + y の最大値を求める」ことになります（グラフ1）。条件を満たす x，y をプラスした場合、x + y = s と置き換え、この条件を満たす点（x，y）を、直線 x + y = s が通ることになります。この式を y = － x + s と変え、s が最大化するところを考えます。右のグラフの多角形（端点 A，B，C，0で囲まれた）の領域の中では、y = － x + 7 が（4，3）を通り、最大となることから、x = 4，y = 3 と導かれます（グラフ2）。

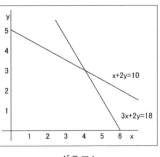

グラフ1

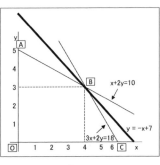

グラフ2

　さらに商品が3つ、機械が3つと増えた場合の複雑な組み合わせにおいても、同様に数学を応用して意思決定を行うことが可能となります。

＜問題例2「セールスマン巡回問題」＞

　ある都市を出発したセールスマンが、移動距離が最も短くなるよう

に、全ての都市を一度ずつ必ず訪問して出発点に戻るための経路を求める問題が、「セールスマン巡回問題」です。現代であれば郵便配達や宅配便業者が効率的に最短路で巡回して配達することに応用されています。

　右の図1で、左上の都市を出発・到着都市として、残りの3つの都市を全て巡回する場合を考える

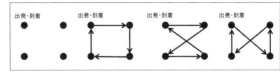

図1　セールスマン巡回問題

場合、3つのルートが考えられます（反対回りは距離が同じなので同一ルートとします）。都市が4つになるとルートは6ルート、都市が5つで24ルート、都市が6つで120ルートと、都市が1つ増えると、ルート数は急激に増加します。10都市では362,880ルート、30都市では4.42×10の30乗通りとなり、天文学的数字となります。現在では、多様な計算方法が考案され、コンピュータの計算能力の発展とアルゴリズム（計算式）の開発により複雑な計算が可能となっています。

②非線形計画法

　線形計画法問題は、連続した意思決定の問題（セールスマンが休むことなく全ての都市を巡回する）と考えられますが、始めの意思決定と次の意思決定を分けてそれぞれを考えることが可能な問題（セールスマンが1日目に5都市、2日目に3都市と巡回する）の場合、それぞれの意思決定を分割し、最適化をはかることも可能です。また、今日の意思決定の成果を見て、翌日の意思決定を行う場合にもそれぞれの意思決定を分割することが可能です。このように意思決定を分割し計算する手法を

非線形計画法と呼び、動的計画法などが代表的なものです。

＜問題例3「帰省途中の立ち寄り旅行計画」＞

「家族で帰省を考えています。次の図2で、①が出発地、⑦が最終目的地の帰省地ですが、その帰省の途中の温泉地②③の2カ所のどちらかで1泊を予定しています。さらに途中で寄りたい観光地は3カ所④⑤⑥があり、どのようなルートを取ると

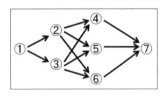

図2　帰省途中の立ち寄り計画

『最も短い距離で帰省地⑦に到着するルート』となるでしょうか？」

　この問題の場合、一連の意思決定過程を、まず宿泊地の温泉②か③のどちらかにすることと、観光地④⑤⑥への巡回経路の順序は別々に意思決定を行うことが可能です（この例は分かりやすいように選択肢を少なくしてあります）。このように複雑な意思決定問題において、分割して意思決定を行う方法が動的計画法です。

第5節　モデル化とシミュレーション

　定期テスト前の学習時間の配分について考えてみましょう。授業での理解度（どの程度理解しているか）と、学習時間（これからの学習時間）の合計が、定期テストの結果となるとします。理解度は、0～100と設定し、理解度が100であれば事前の学習時間は0でも、テストでは100点となります。学習時間は1時間でテストの点数が5点アップするとして、学習時間が6時間ならば30点アップとなります。このように課題を数式化することをモデル化と呼びます。目標得点を80点、学習時間（x）の総時間を20時間と設定した場合、

理解度　国語50　数学40　英語30の状態

国語　$50 + 5 \text{ x} \geqq 80$　　　数学　$40 + 5 \text{ x} \geqq 80$

英語　$30 + 5 \text{ x} \geqq 80$　　　　$\text{x} \leqq 20$

となります。これを解いた場合、国語6時間、数学8時間、英語10時間の学習時間が必要となり、設定した総時間の20時間を越えてしまいます。目標の80点を下げるか、学習の総時間を増やすか、どちらかの変更が必要となります。数字を変更することで、何度でもシミュレーションが可能となります。このように私たちは日常的に、モデル化とシミュレーションを行っています。例えば「次のデートでは2人3千円の予算で、映画とスポーツ観戦のどちらかを選んで、その後はカフェとレストランとどちらが良いだろうか？」など、推測（モデル化とシミュレーション）を行い、自分の考えに合っているものを選択します。「もし○○だったら、○○だろうか？」という思考方法は、意思決定を行う上で欠かせないプロセスです。

　このように数理計画法における最も優れた点は、解決したい問題を数式に表現することが可能であり、意思決定を行うためのしっかりとした根拠となることです。また数式に表現されているため、複雑な問題でもコンピュータで計算することが可能となります。社会における多様な問題に対して、一度モデル化することで毎回個別に対策を考えることなく、今まで作成されたモデルに当てはめることで多様な問題に応用が可能となっています（次のテストで目標を85点と設定して学習時間を設定してみるなど）。身近な問題で試してみてはいかがでしょうか？

第3章　限定的意思決定

　数値を用いてモデル化が可能（数式に置き換えられる）な問題は「確定モデル」と呼ばれます。いろいろな数値（金銭、時間、数量など）を入れ替えてシミュレーションを行うことが可能です。次に、数値で表現できにくいものを意思決定の根拠とする場合は、どのように情報を分析し、最終的な意思決定に反映させることが可能でしょうか？　近年では満足度を1つの基準として意思決定を進める手法が開発されています。満足度は状況によって変化することが確認されています。人の心の動きはとても数値化することが難しいものの1つですが、状況（意思決定を行う場面の条件）を限定することで、心の動きを捉えて意思決定に反映させようと工夫がされています。

　また、意思決定の状況において選択肢や評価基準などの複雑さの他に、意思決定を行う際に利害を同じにするライバルがいる状況では、相手との駆け引きが大変重要になってきます。どのような駆け引きが行われるのでしょうか？　この章では、意思決定を行う際の私たちの心の動きに注目した意思決定理論を紹介します。

第1節　選好と効用

　夏休みの暑い中、部活動が終わった後のスポーツドリンクの美味しさはたまらないものです。例えば1本目を飲んだときの満足度を10として、2本目は9、3本目は8…と、一般的には満足度は、同じものを追加される場合に9、8…と減少してきます。このようにドリンク1本から得られる「満足度」を「効用」と呼びます。新しく追加したドリンク

の満足度を、ドリンクの「限界効用」と呼びます。「限界」とは「追加
的な」という意味で、この限界効用が次第に減ってくること（2本目は
9、3本目は8…）を「限界効用逓減」と呼びます。「追加した分の満
足度が減少して行く」ということです。この「効用」という満足度を、
意思決定のための根拠とする方法を考えましょう。

　スポーツで汗をかいた後は、スポーツドリンクより水が好きな人、お
茶が好きな人などいろいろです。どのようなものを好むのかを「選好」
と呼びます。人それぞれ多様な好みがあり、同じものに対して同じ効用
があるとは限りません。アルコールやドラッグに強い選好を持つ人、
ネットゲームや賭け事にのめり込む人、甘いものや辛いものを好んで食
べる人など、日常生活の中の人の選好は多様です。

　選好と効用を組み合わせて意思決定を行う上での根拠とする場合は少
し複雑になります。例えばコンビニで昼食を購入する際に、手持ちの
500円で満足したいという制約がある場合、まず主食はおにぎりかパン
かカップラーメンにするのか。おかずは、から揚げかおでんかサラダに
するのか。この組み合わせは個人の選好に従って決定されます。次にそ
れぞれをいくつ購入するのかを考えます。主食をおにぎり、おかずをか
ら揚げと決めた場合（選好が高いものを選択）、1個100円のおにぎりの
数と、1個100円のから揚げの数の組み合わせで最も満足がいく（効用
が最大化された）組み合わせは、どのような組み合わせでしょうか。予
算が500円の場合、おにぎり5個とから揚げ0個の組み合わせから、お
にぎり0個とから揚げ5個の組み合わせまで6パターンあることになり
ます。その日の体調などによっても「最も満足度が高くなる組み合わ
せ」は変化します。このように、昼食を選ぶことだけではなく、お年玉
の1万円で何をどれだけ買うのか、3日間の旅行で何カ所の観光地を何

時間見学するのかなど、いろいろな場面で私たちは選好と効用を基準として、意思決定を行っています。旅行の成功の基準（満足度）は金銭的なものだけでは、はかりきれません（もちろんヒッチハイクと野宿で無銭旅行したことを満足度とする人もいるでしょう）。旅行の満足度は、美味しいものを食べたこと、珍しい体験をしたこと、感動的な風景を見ること、地元の人と交流したことなど、人それぞれの選好と効用にもとづき、旅行スケジュールの決定を行います。

　この選好と効用の理論は、消費者行動理論（消費者がどのような条件の組み合わせで商品を選ぶのかなど）においても注目されています。企業では自社の商品・サービスの価値を評価するために「お客様満足度」を、重要な評価基準として採用しています。消費者は「自分自身の効用の最大化をはかる行動を取る（最も満足度の高い商品・サービスを購入する）」と考えて、企業は商品開発・商品販売計画を進め、自社の利益の最大化を目的として行動しています。

第2節　確率と期待値、期待効用仮説

　朝の天気予報を見て、傘を持って行くかどうか、自転車に乗るかどうか悩む日も多いと思います。意思決定において確率とは「不確かなこと」を表現したい場合に使われます。例えば、サイコロを投げたときにどの目が出るかは予想できませんが、出る目は1から6と予想できます。それぞれの出る目の確率は1/6で（完璧に正方形のサイコロとして）、6回投げて1から6が一度ずつ出ることを考えると、1回に出る平均値は、3.5と推測できます（6回の合計が1＋2＋3＋4＋5＋6＝21となり、これを投げた回数6で割る）。この3.5を、サイコロを投げたときの「期待値」と呼び、意思決定を行う場合の基準となります。こ

の分野の研究は、賭け事の世界では大変有効となるため（まさにお金がかかっていますから）、カードゲームなどで古くから多くの研究が行われ、応用されるようになりました。サイコロを転がす場合のように、将来発生する状態が確率的で既知（ハッキリ分かっている）の場合、期待値を意思決定の判断基準とすることができます。しかし、同じ期待値に対しても人それぞれが持っている効用が異なる場合はどうでしょうか？

　「大学選び」を事例として考えてみます。あなたが大学入試の願書を出すときに次のように合格予想が出ている場合、１校だけ選ぶとしたらどの大学を選びますか。第１希望のA大学が合格予想40％、第２希望のB大学は60％、第３・第４希望のC大学・D大学は80％という予想です。憧れの第１希望の大学に合格したい気持ち、一方で浪人はしたくない気持ち、A大学・B大学・C大学・D大学で学びたい気持ちの違いは人それぞれです。またC大学・D大学のように同じ合格率を示していても、それぞれの大学への効用（満足度）は人によって異なります。

　期待値と効用を応用した「期待値効用仮説」について、フォン・ノイマンとモルゲンシュテルンが、著書「ゲームの理論と経済行動」の中で次のように述べています。

　「ある財１単位を持つ効用と、同じ財２単位の持つ効用との割合 q を直接決定することができる。当の個人には、確実にその財１単位を得るか、あるいは確率 a で２単位の財を得る賭けをするか、そのどちらかを選ぶ機会を与えればよい」と説明しています。

　これは具体的には次のような事例となります。

　「①コインを投げて、表でも裏でも10万円もらえる選択肢と、②コインを投げ、表が出たら20万円、裏が出たら何ももらえない、という２つの選択肢がある場合、あなたはどちらを選びますか？」

　２つの選択肢とも期待値は同じ「10万円」ですから、個人的な選好によって選ばれることになります。

　では、次の事例ではどうでしょうか。

　「あなたは20万円のお金を借りています。③コインを投げて、表でも裏でも返済金額を半分の10万円にする。④コインを投げて、表が出たら全額返済を免除し、裏が出たら当初の20万円を返済する、という選択肢がある場合、あなたはどちらを選びますか？」

　この例では、２つの選択肢とも期待値は同じ「－10万円」です。

　どちらの事例でも「確率が100％の選択肢」を選ぶ場合は「リスク回避的行動」の選択となります。また、どちらの事例でも「50％のコインの結果に賭ける選択肢」を選ぶ場合は「リスク志向的行動」の選択となります。あなたはどちらを選択するでしょうか。

第３節　プロスペクト理論

　リスク回避的行動とリスク志向的行動の研究から、人の行動に関する新しい傾向が発見されました。1974年、1979年に公表されたカーネマンの研究成果（トゥベルスキーとの共著論）は、行動経済学と呼ばれる新しい分野を象徴するものでした。

　質問は、前節の①②、③④と同じ内容です。

　「①コインを投げて表でも裏でも10万円もらえる。

　　②コインを投げ表が出たら20万円、裏が出たら何ももらえない。

　　どちらを選びますか？」

　「③20万円のお金を借りていて、コインを投げて表でも裏でも返済金額を半分の10万円にする。

　　④20万円のお金を借りていて、コインを投げ表が出たら全額返済を

　　免除し、裏が出たら全額の20万円を返済する。
　　どちらを選びますか？」
　カーネマンの研究成果は、これまで「合理的経済人モデル」として、「期待値が同じであれば、人は合理的な選択をする」とした定義を、大きく覆すものでした。「合理的経済人モデル」では、期待値が同じ選択肢で、多くの人に質問した場合、選択の結果はほぼ同じ比率（5：5）になることを前提としていました。
　上記の例では、①②の質問では選択肢①を選んだ人（リスク回避的行動）は、次の③④の質問で選択肢③を選択すると予想されます。ところが、①②の質問で選択肢①を選んだ人の多くが、③④の質問では選択肢④（リスク志向的行動）を選択するという結果となりました。このことから「利得」（何かを得る場合）に関わる選択では多くの人が「リスク回避的行動」を取り（金額が半分でも確実に得たい）、「損失」（何かを失う場合）に関わる選択では「リスク志向的行動」を取る（危険を承知で勝負に賭ける）ことが明らかになり、「合理的経済人」的な行動様式を覆しました。人の心は、これまで想像できなかった特徴的な動きを行っており、意思決定に大きな影響を与えていることを明らかにしました。

第4節　階層化分析法（AHP）

　友だちと卒業旅行の行き先を考えているときは、とても楽しいものです。ただ、行き先を決める段階になって友だちと意見が合わず、結局中止になってしまっては残念ですね。旅行の行き先がなかなか決められない原因は、旅行そのものの目的（グルメ、ショッピング、テーマパークなど）や、予算（移動費用、宿泊費用など）、日程など多様な条件が決

定を複雑にしている点にあります。ピッツバーグ大学のサーティー教授
は、このような複雑な構造を持った問題（選択肢と決める基準が数多く
ある問題）に対して意思決定を行うために、階層化分析法（AHP：
Analytic Hierarchy Process）を開発しました。この方法の根底には、
次のサイモンの「合理性の限界」という考え方を応用しています。

　　「客観的な合理性とは以下のことを意味している。行動を起こす主体
　　が、（A）決定の前に、行動の代替的選択肢をパノラマのように概
　　観し、（B）個々の選択に続いて起こる諸結果の複合体全体を考慮
　　し、（C）全ての代替的選択肢から1つ選び出す基準としての価値
　　システムを用いることによって自らの全ての行動を統合されたパ
　　ターンへと形作ることである」（H・A・サイモン「経営行動」）

　この客観的な合理性とは、「私たちが神のように全ての選択肢を頭に
思い浮かべ、全ての選択肢を実行した際の結果（この場合は旅行に行っ
たときの満足度など）を理解し、その全ての選択肢から1つを選択する
決定力を持っていること」と説明しています。もちろんそんなことは不
可能ですから、人には「合理性の限界」という壁があることを示して、
「合理性は、起こりうる代替的行動の全ての中から選択することを要求
する。実際の行動ではこれらの可能な代替的行動のうちのほんの2、3
の行動のみしか心に浮かばない」（H・A・サイモン「経営行動」）と、
意思決定の限界を述べています。旅行先の決定、結婚する相手の決定、
職業の決定などは「合理性の限界」によって大変難しい意思決定となり、
さらに多様な価値観が大きく影響するため、複雑な意思決定となり
ます。

　このような不確実性を持った問題に対して開発された意思決定を支援
するツールが階層化分析法です。階層化分析法は、「満足度」を意思決

定の基準として、複雑な問題を「階層的」に表現し、一度に全てを比較するのではなく、１つずつ比較する（一対評価）ことで、それぞれの満足度を積み重ねて、総合的に意思決定を行う方法です。大学選びを例として次のステップに従い、階層化分析法で受験する大学を選んでみましょう。

＜ステップ１：評価基準の決定＞

　評価基準とは、選ぶ際の基準です。この事例では、①自宅からの通学、②学費、③魅力、の３つを設定します。

＜ステップ２：選択肢の候補を決める＞

　具体的な大学を選びます。今回は、A大学・B大学・C大学の３つの大学です。

＜ステップ３：デシジョン・ツリーの作成＞

　デシジョン・ツリーとは、意思決定の問題構造を示したものです。上段が目的、中段が評価基準、下段が選択肢となります（図３）。

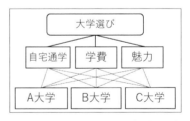

図3　デシジョン・ツリー（大学選び）

＜ステップ４：評価基準の一対評価（一対比較法）＞

　評価基準の一対評価を行います。評価基準の全ての組み合わせを行いますので、この例では「自宅通学」と「学費」、「自宅通学」と「魅力」、「学費」と「魅力」の３回となります。一対評価では満足度について、「好

き」「嫌い」、「Yes」「No」、の2つの基準ではなく、1〜5段階や1〜7段階などで細かく設定します。この場合、質問用紙には「とても重要」から「全く重要ではない」までの5つの基準から1つを選びます。階層化分析法では、5、3、1、1/3、1/5の数値的な「重みづけ」をします。この一対評価を繰り返して、最終的な意思決定を行いますが、計算が複雑になるため以下からは分かりやすい手法を紹介します。

＜ステップ4以降：「10点満点階層化分析法」による意思決定＞

　ここからは、著者が考案した「10点満点階層化分析法」を紹介します。この方法は、階層化分析法の計算が複雑で、評価基準と選択肢との関係が明確でなく、どのように計算されているのかが分かりにくいため、計算方法を簡略化することで評価基準と選択肢の意思決定における関係性を分かりやすくしたものです。「10点満点階層化分析法」にもとづき、階層化分析法の計算理論とプロセスを考えてみましょう。

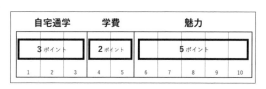

図4　評価基準へのポイント

　まず手順として、評価基準への重みづけを行いますが、この方法では一度で行います。次の例のように、評価基準である「自宅通学」、「学費」、「魅力」に対して自分が重要にした「重みづけ」を、10点満点で行います（10点を3つの評価基準に配分します）。この例では、「自宅通学」に3ポイント、「学費」に

図5　評価基準への重みづけ

２ポイント、「魅力」に５ポイントで、合計10ポイントの重みづけがされています（図４、図５）。

＜ステップ５：選択肢と評価基準との一対評価（一対比較法）＞

　次に、各評価基準にもとづき、選択肢それぞれを対象に、10点満点の重みづけを行います。例では、「自宅通学」という評価基準に対して、A大学、B大学、C大学に対する評価として10点満点の重みづけを行います。

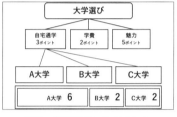

図6　自宅通学へのポイント

　図６では、自宅通学に対してA大学に２ポイント、B大学に６ポイント、C大学に２ポイントを重みづけした例です（図６）。

　同様に、評価基準の学費に対してA大学に４ポイント、B大学に２ポイント、C大学に４ポイントを重みづけしています（図７）。

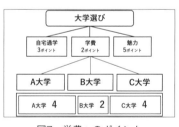

図7　学費へのポイント

　また評価基準の魅力に対しては、A大学に６ポイント、B大学に２ポイント、C大学に２ポイントを重みづけした例となります（図８）。

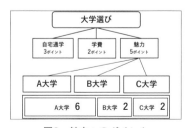

図8　魅力へのポイント

＜ステップ6：計算＞

　評価基準への重みづけ（ステップ4）と、選択肢への重みづけ（ステップ5）の次に、最終的な計算となります。まずステップ4で行った評価基準へ配分した「自宅通学」3ポイント、「学費」2ポイント、「魅力」5ポイントを記入します。次に表中の（1）の列に自宅通学についてのそれぞれの大学へのポイントを、（2）の列に学費に対するそれぞれの大学へのポイントを、（3）の列に魅力に対するそれぞれの大学へのポ

表1　総合ポイントの計算

評価基準への10点満点評価		自宅通学 **3**		学費 **2**		魅力 **5**	総合ポイント
A大学	6	3x6=18①	4	2x4=8②	6	5x6=30③	**56** （①+②+③）
B大学	2	2x3=6④	2	2x2=4⑤	2	5x2=10⑥	**20** （④+⑤+⑥）
C大学	2	2x3=6⑦	4	2x4=8⑧	2	5x2=10⑨	**24** （⑦+⑧+⑨）
		（1）		（2）		（3）	

　イントを記入します。次に、表1の左上の欄で自宅通学へのポイント3とA大学へのポイント6を乗じて18を①に記入します。続けて②～⑨までそれぞれの欄に乗じた数字を入れます。次に、A大学を横に見て①＋②＋③を、B大学は④＋⑤＋⑥を、C大学は⑦＋⑧＋⑨を、それぞれ合計します。これによって3つの選択肢に対する100点満点の重みづけ（ポイント）が確定しました。この例では、A大学56ポイント、B大学20ポイント、C大学24ポイントとなり、A大学が最良の選択肢となります。

　複雑な計算が続きましたが、既にインターネット上には階層化分析法を応用したサイトが数多くあります。「あなたの適職を診断します」な

どのサイトで、質問に答えていくだけで、「あなたには○○の仕事が最適です」などの結果を表示してくれます。その裏側では、このような理論をもとに計算が行われています。私たちの満足度を数値化することによって、コンピュータが私たちの意思決定を支援してくれる時代になってきました。私たちの頭の中でも、意思決定を行うときに、実はこのような複雑な計算が、直観的に行われていると考えられます。意思決定の方法をコンピュータにプログラムするということは、私たち自身の思考方法（意思決定方法）をコンピュータ上に再現していることです。

第5節　ゲーム理論

　ゲームと言った場合、スポーツ、ビデオゲーム、カードゲーム、将棋やチェスなどいろいろなものを思い浮かべます。意思決定の分野では、「複数の意思決定者によりそれぞれの意思決定がお互いに影響を与えながら、複雑な状況で行う意思決定を分析した理論」を「ゲーム理論」と呼びます。1944年にフォン・ノイマンとモルゲンシュテルンが「ゲームの理論と経済行動」の中で、ゲームの状況に似た社会の多様な競争において応用できる理論であることを発表し、現在も多くの分野で研究が続けられる意思決定理論となりました。

　ゲーム理論では、そのゲームにおいて互いに競争関係にある複数の意思決定者を「プレイヤー」、プレイヤーが取ることができる行動を「戦略」、そのゲームのやり方を「ルール」、勝負の結果を表す「勝敗」などの部分に分

表2　ジャンケンの利得表

		Bさんの手と結果（右上）		
		石	紙	はさみ
A さ ん の 手 と 結 果 （ 左 下 ）	石	引き分け	勝ち / 負け	負け / 勝ち
	紙	負け / 勝ち	引き分け	勝ち / 負け
	はさみ	勝ち / 負け	負け / 勝ち	引き分け

けて詳細に分析を行います。プレイヤーは、チェスや将棋などの「2人」の場合と、「複数（3名以上）」の場合の2通りを設定し、プレイヤーが多くなるほど複雑な意思決定問題となります。戦略は、チェスや将棋のように「交互に行動する場合（交互ゲーム）」、マラソンや短距離走のように「同時にゲームを行う場合（同時ゲーム）」に分けられます。勝敗については、「利得」と呼び、一方のプレイヤーの利益が、他方のプレイヤーの損失となるような場合は「ゼロサムゲーム」と呼んでいます。この利得を一覧表にしたものを「ペイオフ表」として、表2のように表現します（AさんとBさんとがジャンケンをした場合の利得表）。ゲーム理論が、実際の社会においてどのように応用され、意思決定を支援しているのか紹介します。

①ミニマックス戦略

あなたが、ライバルのAさんとテニスの試合をすることになりました。Aさんとの対決では、これまでどちらかというと負け越しているあなたは、たとえ負けるとしても最小限の差になる戦略、つまり「最悪の状態（負ける場合）でも、最もダメージが小さい戦略」

表3　攻撃重視・守備重視の利得表

		Aさん	
		攻撃重視	守備重視
あなた	攻撃重視	15 -15	-20 20
	守備重視	-5 5	0 0

を選ぶことにします。表3は、あなたの戦略と、Aさんの戦略の組み合わせによる結果の利得表です。まず、あなたが攻撃重視で試合を進める場合、Aさんも攻撃重視で向かってくる場合では、あなたは「−15」ポイント（左上−15）となります（攻撃ではAさんにはかないません）。しかしAさんが守備重視で向かってくる場合、あなたは「＋20」ポイントとなります（右上20、Aさんが守備重視であれば十分に勝機がありま

す）。あなたが攻撃重視戦略を取った場合、上段2つを比較するとダメージが大きい状況は「－15」の戦略（あなた：攻撃重視、Aさん：攻撃重視）となります。一方、あなたが守備重視で試合を進める場合（下段）はどうでしょうか。Aさんが攻撃重視で向かってくる場合、あなたは「＋5」ポイント（左下5）となり、Aさんも守備重視で向かってくる場合あなたは「0」ポイント（右下0）となります。あなたが守備重視で試合を進める戦略で、ダメージが大きい状況は「0」となります。あなたにとって「最悪な状況で最もダメージが小さい選択肢」を選ぶ場合は、上段の「－15」と下段の「0」を比較して、下段の「0」が最もダメージが小さいため、あなたは最終的に「守備重視戦略を選ぶ」ことになります。

　このように、最悪の状況で最もダメージが小さい結果となる戦略を選ぶ方法を、ミニマックス戦略と呼びます。

②マクシマックス戦略

　あなたが好きになった人をデートに誘う場合、スポーツ観戦が良いでしょうか、それとも映画に誘った方が良いでしょうか。

　恋のライバルであるAさんも、同じ相手を同じ日にスポーツ観戦か映画へ誘う計画を立てている状況を想定します。その場合の利得表が表4です。あなたはこのデートの誘いにかなりの期待をしていますので、「最も良い状況で、最大のプラスを得る戦略」を選択したいと考えています。あなたの最も良い戦略を考えてみます。あなたがスポーツ観戦を選んだ場合（上

表4　スポーツ観戦・映画鑑賞の利得表

		Aさん	
		スポーツ観戦	映画鑑賞
あなた	スポーツ観戦	15 -15	-20 20
	映画鑑賞	-5 5	0 0

段）、Aさんもスポーツ観戦を選べば、あなたは「−15」ポイント（左上−15）ですが（Aさんはテニスが上手でした）、Aさんが映画鑑賞を選んだ場合は「20」ポイント（右上20）となります（映画のことであればあなたの方が詳しいためです）。あなたがスポーツ観戦を選んだ場合の最も良い状況は「20」（Aさんが映画鑑賞を選択）となります。ではあなたが映画鑑賞を選んだ場合（下段）の最も良い状況を考えてみましょう。Aさんがスポーツ観戦を選んだ場合「5」（左下5）、Aさんが映画鑑賞を選んだ場合は「0」（右下0）となり、最も良い状況は「5」となります。「20」と「5」を比較し、最も良い状況で最大のプラスを得る結果は、あなたが映画鑑賞を選んだ場合の「20」となります（Aさんがスポーツ観戦を選ばないことを祈るしかありません）。

　このように最も良い状況で最大のプラスを得ることを目的とした戦略をマクシマックス戦略と呼びます。

③パレート効率性

　あなたが家からプリンを2つ学校に持ってきて、Aさんが家からお団子を2本学校に持ってきた状況を思い浮かべてください。テニス部の部室であなたがプリンを2つとも食べる喜び（満足度）は1つにつき15ポイント（2つで30ポイント）、Aさん自身がお団子を2本とも食べる喜びも1本につき15ポイント（2本で30ポイント）とします。2人がそれぞれを1つずつ交換し、プリン1つとお団子1本を食べる喜びが、プリン1つで20ポイントへ上昇し、お団子1本も20ポイントへ上昇した場合（合計40ポイント）、2人とも喜んでそれぞれを交換するでしょう。

　このように「現在の状態より、効用を高める組み合わせ状態があること」を発見したヴィルフレド・パレートにちなんで「パレート効率性」（またはパレート最適）と呼んでいます（この場合はプリン1つとお団

子1つとの組み合わせです）。ほぼ満員のレストランで、4人座れる
テーブルにあなたとAさん2人で座っていたところ、親子連れ4人が
入ってきました。2席空いているカウンター席にあなたとAさんが移動
して、親子連れが4人テーブルに座れるようになることも、パレート効
率性です。日常的に私たちが「より良い配分」を目指して行動している
例は数多くあります。

④ナッシュ均衡と囚人のジレンマ

　アメリカ映画「ビューティフル・マインド（2001年）」は、天才数学
者ジョン・ナッシュ（1994年ノーベル経済学賞受賞）の半生を描いた作
品です。ナッシュはゲーム理論の研究から、「パレート効率性の組み合
わせがあるにもかかわらず、そうではない組み合わせを選択する状況」
がある場合を「囚人のジレンマ」として理論化しました。

　あなたとAさんが海外旅行中にスパイ容疑をかけられ旅行中の国の警
察に連行されてしまった状況を想像してみてください。別々の取調室で
スパイかどうかの自白が求められます。取り調べ官により次のような説
明がされます。「2人とも自白し
た場合はともに懲役3年（左上）、
あなたが自白をして、Aさんが自
白しない場合は、あなたは情状酌
量で無罪となります（右上）。ま
た、あなたが自白しないで、Aさ
んが自白した場合、あなたは懲役
7年、Aさんは情状酌量で無罪と

表5　自白する・自白しない場合の
　　　利得表

		Aさん	
		自白する	自白しない
あなた	自白する	懲役3年 / 懲役3年	懲役7年 / 無罪
	自白しない	無罪 / 懲役7年	懲役1年 / 懲役1年

なります（左下）。また2人とも自白しない場合は、2人とも懲役1年
となります（右下）」。この状況で、2人の意思決定の結果に多様な組み

合わせがある場合は、あなたはどのような戦略（自白するか、自白しないか）を取ることが得策なのでしょうか。別々の部屋で取り調べをされていますので、Aさんがどちらを選ぶのか（自白するか、自白しないか）は不明です。この状態では、2人が「自白しないこと」を選ぶことができれば最小の懲役1年（右下）となります（パレート効率性）。しかしAさんの選択が分からないため、自分だけは「最悪の状況を逃れること」を目的（ミニマックス戦略）として、それぞれが戦略を考えます。まず、あなたが自白した場合、あなたの結果は「懲役3年」か「無罪」です。あなたが自白しない場合は、「懲役7年」か「懲役1年」です。両者を比較した場合、自白しない場合の「懲役7年」が最悪の状況となりますので、これを避けるための戦略として「自白する」を選ぶことになります（上段）。相手の選択が分からないゲーム（非協力ゲーム）では、最も良いと思われる選択肢（パレート効率性：2人とも自白しない）を選ぶことができず、他の戦略を選ぶこと（自分は自白する）が、最悪の状況から抜け出せる選択肢となるため、Aさんも同じように考えていれば自白を選び、結果的に2人とも懲役3年となってしまいます（2人とも自白しなければ1年の懲役だったにも関わらず）。

　このように別の部屋で取り調べられていた2人が、相手の戦略が分からないためそれぞれが「ミニマックス戦略」を取ることで（話し合いができればパレート効率性の組み合わせを選択できたにもかかわらず）、最適な選択ができない意思決定の状況を、囚人のジレンマモデルと呼びます。

⑤囚人のジレンマと軍拡競争

　20世紀後半のアメリカ・ソ連が繰り広げた軍備拡大競争は、囚人のジレンマ状態における意思決定の連続が招いた結果と考えることができま

す。最強のミサイル兵器と言われたICBMミサイル（原子爆弾搭載可能
な大陸間弾道ミサイル）は両国で次々と製造され、第3次世界大戦が始
まれば地球は崩壊するとも言われました。それでも自国の軍事的優位を
保つためには、相手国のミサイル保有量と同量か、相手国を上回ってい
ることが必要です。一方ICBMミサイルは高価で、既に当時の米ソの
ICBM保有量はオーバーキル（過剰な攻撃力を持つ）状態でした。両国
とも可能であれば苦しい財政状況から軍備縮小が望まれていましたが、
表6のように米ソの軍拡競争が囚人のジレンマ状態に陥っており、相手
国の戦略（軍備拡大か、軍備
縮小か）が不明のため、米ソ
とも軍備縮小（パレート効率
性）を選択できず、両国とも
軍備拡大戦略を選び続けて
いった結果が、異常な米ソの
ICBM大量保有の要因となり
ました。このような軍備拡大

表6　軍備拡大・軍備縮小の利得表

		ソ連	
		軍備拡大	軍備縮小
米国	軍備拡大	軍拡が進む	不利　有利
	軍備縮小	有利　不利	軍縮が進む

戦略を止めるには、相手国が「出し抜かずに確実に軍備縮小戦略を取る
ことの保障」が必要です。実際には国際連合などが交渉役として、両国
が確実に軍備縮小戦略を取れるように話し合いの機会を作ることで、パ
レート効率性を選択することが可能になります。このような状況におい
ては、話し合いを行うことで「自国だけが利益を得る選択」を行わない
ようにすることが、軍備縮小につながることになります。話し合いから
信頼が生まれ、軍事縮小へと進む道筋を、現在も国際連合などが中心と
なって実施しています。
　このように多様な対立の原因をモデルに当てはめて考えることによ

り、問題の原因や解決策を明らかにすることができます。友だち同士、恋人同士でも、正直に自分の気持ちを相手に話せば解決できることでも、意地の張り合いで、悪い方向に進んでしまうことがあります。何事も問題の解決には、正直に相手と話し合うことをお薦めします。

第４章　情報の確かさ

　意思決定において、「誤った情報を根拠として判断することは、誤った意思決定の結果を生むことになる」と言えるでしょう。インターネットによる情報が溢れている今日において、情報をどのように正しく意思決定に利用することができるのでしょうか。

第１節　心理学と意思決定との関連性

> あなたなら、どちらの手術を受けたいと思いますか。
> 選択肢Ａ：成功率90％の手術
> 選択肢Ｂ：1000人中、100人が死亡する手術

　選択肢Ａでは「成功率」を、選択肢Ｂでは「死亡数」をもとに、同じ内容（同じ期待値）について、異なった視点から文章を作成しています。このようにどちらの選択肢も同じ内容にもかかわらず、質問の表現方法の違いによって意思決定の結果が異なる場合が多くあります。この質問に対しては多くの人が選択肢Ａを選ぶ傾向にあります。

> 「アジアで600人の死亡が予想される疾病に備えて、あなたなら次の２つの選択肢のどちらを選びますか？」という質問で、
> 　選択肢Ｃ：600人中200人が助かる方法
> 　選択肢Ｄ：１／３の確率で600人が助かるが、２／３の確率で誰も助からない方法

　この例でも、どちらの選択肢も同じ内容を異なる文章で表したにもか

かわらず、多くの人が選択肢Cを選ぶ傾向にあります。この2つの事例はどちらともカーネマンとトゥベルスキーの研究成果です。

　このように同じ内容（同じ期待値）にもかかわらず、表現方法によって選択に偏りが起きることを「フレーミング効果」と呼んでいます。特定のフレーム（枠という意味：この場合は文章）が、私たちの意思決定に大きな影響を及ぼしています。この研究成果以来、多くの研究者が多様な実験を行い、現在数多くの「バイアス（偏り）」が明らかになっています。バイアスとは、「人が多様な情報を入力し、その情報を分析するとき（意思決定の根拠とするとき）の、見方や考え方のくせ」のようなものを指しています。このバイアスが意思決定を行う上で、重要な働きを果たしていることが実証されています。

第2節　認知バイアス

　私たちの意思決定に関わるバイアスの中で、近年注目されているのが「認知バイアス」です。200以上のバイアスを分類した中の、次の4つの特徴についてみていきましょう。

①情報過多によるバイアス

　マスメディア、ネットメディアの大量の情報の全てに目を通すことは不可能です。日常の中では優先順位を決めて、仕事や勉強に関係しているもの、自分の興味あるもの、自分の住んでいる地域のことなどを、限られた時間の中で私たちは有益な情報を選択しています。その際に私たちは「興味がない情報」や「自分の考え方に合わない情報」にはアクセスせずに、「興味が高く自分の考えに合っている情報」を中心に、積極的にアクセスする傾向にあります（情報への偏ったアクセス）。

②意味不足を修正しようとするバイアス

　大量の情報がありながら、自分が知りたいことがどうしても理解できなかったり、その理由が分からなかったりすることはよくありますが、意味不足の状態のままでは、脳は満足しません。そのため、真実かどうかは別として「根拠のない憶測」でも「推測」でも良いので、脳が意味不足の答えを求めてしまいます。自分の持っている不確かな情報を勝手につなぎ合わせ、根拠のない憶測などで意味不足の部分を埋めてしまうバイアスを持っています。

③早く行動する必要性によるバイアス

　限られた時間の中で、十分な根拠を持っていない状態であっても、意思決定を行わなければならない状況では、非合理的な決定を行ってしまう傾向があります。例えば第１志望の学校に落ちてしまい、気分がとても落ち込んでいるときに急いで第２志望候補の学校を探すときなど、十分な根拠を持たずに意思決定を行う場合があります。

④記憶容量不足によるバイアス

　私たちの脳の記憶容量は限られているため、大量の情報を全て記憶しておくことは不可能です。記憶を容易にする必要から情報をパターンに当てはめて情報量を圧縮しています。初めて会った人が、オンラインゲームやアニメが好きだと聞けば「内向的で家にいるのが好きな人」というラベルを貼り記憶します。その人の他の面を十分知ることなく、一般的な「内向的な人」のラベルを貼ってしまうことで、その人にバイアスがかかった記憶を持つことになります。

　紹介した４つの認知バイアス以外でも、統計学的に例えば「新しい分野で成功した１人の話を聞いて、その職業の未来を信じる」ことは、全体の事例の中からたまたま取り上げたサンプル（事例）が、「成功」し

た内容であったため、その職業であれば誰でも成功すると考えてしまう
ような「選択バイアス」もあります。

第3節　確かな情報とは

　20世紀にラジオ・テレビが急速に普及しマス・コミュニケーションが
可能になりました。それ以前は「同じ情報」が「瞬時に」、「不特定多数
へ」と伝わる方法はありませんでしたから、この情報伝達革命は私たち
の生活や産業に大きな影響を与えました。さらに20世紀後半には、イン
ターネットの急速な普及により、新たな情報伝達革命が進み「SNS」や
「動画共有サイト」などにより情報の発信や獲得方法が多様になりま
した。

　近年、世界各国で意図的に「偽の情報」として作成された「フェイク
ニュース」が、インターネット上で拡散されています。「フェイク」と
は「偽の」という意味です。フェイクニュースを読んだ人が、その内容
を根拠として意思決定を行った場合、誤った選択を行ってしまうことも
考えられます。フェイクニュースは、人の意思決定をゆがめ、何か狙い
を定めた方向へ誘導する力を持っています。「特殊詐欺」の被害額は判
明しているものだけでも、日本国内で2016年600億円をピークとして
2019年度は300億円となっており、まだまだ多くの被害が発生していま
す。このような詐欺は、人の財産を狙う悪質なフェイク情報により、
誤った意思決定に誘導し多くの人をだましています。意思決定において
情報の確かさを常に疑い、批判的に考える姿勢が必要です。

　また政治的な意図を持ったフェイクニュースは、社会全体に大きな影
響を与えます。2016年のアメリカ大統領選挙ではフェイクニュースが大
きな影響を与えたと言われています。現在では、動画の人物を入れ替え

る「ディープフェイク」という技術が開発されています。オバマ前アメ
リカ大統領そのままの顔の映像を自由に操るフェイク動画が動画共有サ
イトに投稿されています。これまでは、写真や録音された音声、ビデオ
や監視カメラでの動画は決定的な動かぬ証拠（事実）とされていました。
しかしディープフェイクにより、写真・録音・動画もフェイクが容易に
作成され、写真・録音・動画が証拠能力を持たない時代になってきま
した。

　このようなフェイクニュースの氾濫に対して、フェイクニュースを
チェックする団体としてジャーナリストらによって「ファクトチェック
団体」が組織されています。政治家の発言、マスメディア・ネットメ
ディアのニュース内容などを、事実かどうかチェックを行い、インター
ネット上でその結果の公開を行っています。一方で、フェイクニュース
が社会に大きな影響を及ぼした後、フェイクであると判明したことを公
表した場合でも、当初の大きな影響（被害）を回復することは困難とな
る事例が多くあります。

　今後、私たちが多様な情報について信じるに値する情報なのかどう
か、ファクトチェック団体によるチェックを待つことができない場合
や、ファクトチェック団体が調べていない情報などに対して、どのよう
に判断することが良いのでしょうか。決定的な方法はありませんが、い
くつかの方法や見方を重ねることにより、「情報の確かさ」を確保する
ことが可能となります。

　①信用できる情報元（新聞社、ラジオ局、テレビ局、評論家など）か
　　ら情報を得る（情報発信者が社会的に大きな責任を持っている）

　②複数の情報を比較する

　③多様なバイアスを理解する

第4節　発信する容易さ

　インターネットがテレビ・ラジオと大きく異なっている点は、私たちが情報を受信するだけではなく、情報を発信することが可能になった点です。これまでは、ラジオ局・テレビ局側だけが発信者としての権限を持ち、私たち個人が不特定多数の人へ発信することは不可能と言って良い状況でしたが、インターネットは魔法使いの杖のように、私たちに発信する方法を与えてくれました。手元のスマートフォンからいくつかのクリックで音声・写真・動画まで簡単に発信できるわけですから、インターネット以前の時代では考えられなかった「発信力」を、誰もが手にしたことになります。個人が特定の個人とつながるだけではなく、個人が不特定多数の人へ、ときには社会の多くの人へ情報発信が可能となり、個人が社会へ訴える力を持ったと言えるでしょう。これまで声をあげられなかった弱者や、社会的に抑圧されている側の人も、インターネット上で意見を表明することが可能となりました。一方、フェイクニュースなどで特定の利益のために、人や社会をだます人も多く出てきました。またネット上で誹謗中傷する投稿やサイトの炎上など、誰かを傷つける発信も容易になったと言えます。

　今後、発信に対するインターネット上の「発信リテラシー」を高めることが求められています。投稿ボタンを押す意思決定をする前に、その内容がどのような影響を与えるのかをもう一度考え、しっかりとした判断を行った上で、投稿ボタンを押すかどうかの意思決定を行ってください。現在小学校、中学校、高等学校ではスマートフォンの学校内の持ち込みを認めるのか、認めないのか、意見が大きく分かれています。小学生高学年のスマートフォン保有率が40％を超えるという調査もあります。情報の選択、情報の理解、情報の解釈、情報の発信、情報をもとに

した意思決定方法などについて、小学生から学習をすることが必要な時代となってきたと言えます。

第5節　情報の非対称性とシグナリング理論

　最近、多くの人がフリマアプリやオークションアプリを利用しています。個人が自由に価格を設定して、ネット上で売り買いができる利点を生かし、購入するだけではなく、販売する側にも学生や主婦などが多数参加しています。

　アプリ内で出品された商品を写真や動画で見た後、慎重に質問をするなど情報を確認してから購入ボタンをクリックする人もいれば、十分な確認をせずに購入し自分が考えていた商品と異なるものが送られてきてガッカリすることや、時には偽ブランド品など送られてくるトラブルも多くなっているようです。特に中古品の売買を行うには、価格だけではなく商品の使用状態などを十分に確認することが必要です。

　販売者側と購入者側の視点から、情報の発信・受信の違いを見た場合、販売側は、価格を高く設定し、利益の最大化を目指します。中古品販売の場合は、「新品同様」「未使用品」「希少品」など高い価格を設定できる情報を送ります。その情報を受け取った購入者側は、信頼できるものかどうかを判断し、意思決定を行うことになります。安価な商品であれば期待外れであっても諦めることもできますが、高価な商品の場合は慎重になります。このように販売する側と購入する側が、商品に対して持っている情報が異なる状況を「情報の非対称性」と呼びます。購入を決定する側が、購入する商品に対して十分な情報を持っていないために、難しい意思決定となります。このような情報の非対称性は、インターネット上だけではなく、街中の中古車店、中古ブランド品店、リサ

イクル店などでも同様に、情報の非対称性が発生します。

　また、企業の採用試験でも情報の非対称性は発生します。企業側は、高い能力を持つ人を採用したいと考えていますが、応募する側は希望する企業に入社したい気持ちで「自分自身の能力が高いこと」を積極的にアピールします。企業側はwebで応募してくる何千もの人の全ての能力を瞬時に把握することは不可能です。そこで学歴、学校での成績、英語力、学校外での活動などを根拠として1次選考で振り分けます。2次面接、3次面接と進む中で、応募する側はさらに自分自身の能力の高さをアピールすることが求められます。このように採用する企業側は応募する側の情報をほとんど持っていないため（これを情報劣位側と呼びます）、情報優位側の応募する側から発信される情報（これをシグナルと呼びます）を受け取って、情報の格差を埋めて採用者を決定することになります。情報の非対称性により発生する情報格差を埋めるためにシグナル（中古品販売の際は新品同様、未使用品、また就職試験の際は学歴、学校での成績、学校外での活動）を発信することを「シグナリング」と呼んでいます。相手から発信されるシグナルをどのように分析して意思決定の根拠とするのか、情報の非対称性を意識して意思決定を行うことが重要です。

第5章　コンピュータ・AIと意思決定

　20世紀に登場したコンピュータは、私たちの日常から社会全体に至るまで幅広く応用され、今では欠かせないものになっています。これまで人間の計算だけでは何千年もかかると言われていた計算問題を、数秒で計算することや、予想不可能と言われた複雑なシミュレーションを行うことも可能になっています。またインターネットにより、世界中のデータにアクセスすることや、大容量のデータを世界各地に瞬時に送受信することを可能にしています。

　意思決定を行う上で入手可能な情報量が飛躍的に増加したため、これまで不十分な情報から判断しなければならない状況と比較すると、より確かな意思決定を行うことが可能になってきました。その一方で溢れるほどの情報をどのように意思決定に利用するのか、難しい状況になっています。未来の意思決定は、どのように変化していくのでしょうか？

第1節　コンピュータがチェスチャンピオンに勝利

　1997年、アメリカIBM製スーパーコンピュータ「ディープブルー」が、チェスの世界チャンピオンに勝利し、世界を驚かせました。ディープブルーは、過去に行った対戦をもとに「勝利に近づく次の一手に得点を与える」というコンピュータプログラムにもとづき、1秒間に2億回という高速計算を行い十数手先まで予想し、次の一手を決定しました。チェスは大変複雑なゲームですが、有限の組み合わせの局面で構成されていますから、計算によってゲームの未来を予測することが可能な論理的ゲームと言えます。チェスでは、初めの一手から最後の手までは10の

120乗の指し手があります。スーパーコンピュータの計算能力とプログラムの進化により、コンピュータがチェスにおいて、人間の能力を超える大きな転換点となりました。しかしスーパーコンピュータが意思決定を行うためのプログラムは、人が作成するものです。チェスを上回る選択肢を持つ将棋や囲碁のプログラム化は、計算能力（スピード）の限界やプログラム化の限界が壁となって、開発が遅れていました。将棋は、最初の一手から最後の手まで10の220乗、囲碁では10の360乗の指し手があり、チェスの指し手を遥かに上回る天文学的組み合わせで、これまでのコンピュータの原理では、到底到達できない組み合わせの数です。

　また、プログラム作成の上で正解（ゴール）を知っていなければ、プログラムは作成できませんので、将棋・囲碁以外の未知の問題に対して正解（ゴール）を求める（目指す）ことは、コンピュータでは不可能ということになります。

第2節　AIの時代

　AIという考え方は意外と古く、コンピュータやロボットの登場とともに、人間のように知的活動を行う機械全般のことを指す言葉として1956年ダートマス会議でジョン・マッカーシーにより使われ始めます。現在でもAIの定義は不確かで、大きく2つの考え方があり、①「人間と同じ知能を持つ機械（または「強いAI」）という考え方と、②「特定の分野のみで人と同じ作業を行う機械（または「弱いAI」）という考え方です。現在、AIの開発は、②「人間が知能を使って行う作業と同じこと（それ以上のこと）を機械にさせようとする」ことを目指して取り組まれています。しかし、②「人間と同じ作業（それ以上の作業）」を目指すには、①「人間と同じ知能を持つ機械」を作ることが近道である

と考えて開発に取り組んでいる研究者も多くいます。

第3節　機械学習とは

　まずAIを実現するためのアプローチとして考え出されたものが、コンピュータ自身に学習させるという「機械学習」です。この機械学習は大きく①「教師あり学習」、②「教師なし学習」、③「強化学習」の３つに分けられます。

①「教師あり学習」

　「大学入学試験の合格予測」を事例として、あなたが希望する大学に合格できるかどうかを、AIに予測させる場合を考えます。AIは、全国の受験生の過去の模擬試験の結果、大学受験の結果など大量のデータ（ビックデータ）をもとに、合格予想の数式（アルゴリズム）を作成します。その際に例えば２年生のときの模擬試験の結果と３年生のときの模擬試験の結果を同等に扱うより、直近の３年生の模擬試験の結果を重要視した計算式の方が予想の精度が高まります。どの程度重要視するのか、パーセンテージを過去の卒業生の合否の結果から最も近い数値を導き出し数式に当てはめます。また、その年の全国の受験生の動向（○○学部が人気とか、不人気など）も数値化します。このように完成した数式がモデル（共通した数式）として採用され、あなたの実力（試験結果）を入力することで、合格のパーセンテージが計算されることになります。

　大切なポイントはこの後、全国の受験生の受験結果を再度入力し、予想に使用した数式（アルゴリズム）を見直し、正解に近づけるようにプログラムを調整（学習）することです。この繰り返しを何度も行うことにより、さらに高い精度の計算が可能となります。「教師あり学習」は、

このように正解データ（実際の大学入試の合否）を、人が教師となって与えることで、コンピュータ自身が学習して精度の高いプログラムへと進化させることを可能とします。

②「教師なし学習」

　ネットショッピングの「レコメンド」機能は、あなたの購入履歴データと、他の人の購入履歴データとを比較し、共通点を見つけ出して、お薦めとして表示させる仕組みとなっています。この例での「教師なし学習」は、コンピュータに「グループ化」を行うプログラムが入っており、購入履歴のビッグデータから共通するデータをグループに分けるだけの命令を実行しています。例えば購入した本が3冊共通する人を1つのグループとしてまとめます。そのグループに入った購入者には、共通する3冊以外の購入した本の中で、他の何人かがさらに共通して購入している本の共通性が高いものから表示させ、お薦めとして紹介するプログラムが動いています。大切なポイントはこの後、グループ化のどのような方法が、レコメンド機能を有効に働かせるか（多くの人がお薦めから購入するか）を、結果から学習（フィードバック）することで、より精度の高いプログラムへと進化することが可能となります。

③「強化学習」

　天文学的な指し手を持つ囲碁の世界で、2015年世界一の囲碁チャンピオンに勝利した「アルファ碁（グーグル傘下のDeep Mind社が開発したAI）」を事例として取り上げます。「強化学習」は、与えられた問題に対してAIが試行錯誤を繰り返して、問題解決のための学習を行う仕組みです。強化学習では、問題だけが与えられ、答えは与えられていませんので、一種の「教師なし学習」と言えますが、異なる点は、データの分類や推測だけではなく、コンピュータ自身がより良い結果が出るよう

に試行錯誤を繰り返す点に特徴があります。「アルファ碁」の事例では、まず試行錯誤を繰り返し最大の効果をあげさせるために「報酬」を用意します（この時点では人が目的を設定します）。ゲームの始めは無意味な手を繰り返すとしても、偶然「報酬」が与えられるような結果が出た場合、コンピュータは報酬がもらえるヒントをつかみます。このプロセスを何万回、何百万回と繰り返すことで精度は上がり、過去の人の囲碁の対戦記録から学習した方法を加えて、最終的には囲碁の世界チャンピオンを破るという実力をつけました（囲碁はゲーム序盤で勝っていても、最終的にゲームに負けてしまうことはよくあるため、序盤の報酬だけに目を奪われずに、最終的に勝利できるように学習を積み重ねることが強化学習の特徴です）。

　さらに2017年に登場した「アルファゼロ」は、囲碁の盤上の石のみを認識するだけで「教師なし学習」を行い、3日間で自分自身と490万回対戦を行った結果、アルファ碁との対戦で100戦100勝という圧倒的な実力を身につけました。アルファ碁が「過去の人の囲碁の対戦記録から学習する方法」に対して、アルファゼロは「自分自身と繰り返し対戦を行うこと（その際に勝利する側に報酬を与える）」を実行することで、アルファ碁を上回る能力を身につけました。

第4節　ディープラーニング（深層学習）とは

　ディープラーニングとは、コンピュータ上で「ニューラルネットワーク」を何層にも重ねて（深層化）作られたシステムです。「ニューラルネットワーク」とは、私たちの神経回路を模して作られています。

　ここではコンピュータが行う深層学習について、事例から考えます。まず、コンピュータに数字の「3」を見分けるという目的と、正解の

「3」の画像を与えます（教師あり学習）。コンピュータは数字の「2」や「8」との違いについては教えられていません（教師なし学習）。次に数多くの数字に、事前に人が「3」には正解のラベルを、それ以外には不正解のラベルを貼っておきます（教師あり学習）。この多くの数字をコンピュータが読み、正解か不正解かを学習し、正解の「3」の特徴を割り出します（それ以前の機械学習では、この特徴そのものを人がコンピュータに教える（プログラムする）必要がありました）。数千枚、数万枚と学習を繰り返すことで、数字の認識正解率は上昇します。コンピュータの解答が正解か不正解かを人が判定し（教師あり学習）、不正解の場合はそのプロセスが誤っていることをフィードバックさせて学習させることで、正解率を向上させます。まさにコンピュータが学習することで、特定の認識において人の能力を超えることが可能となるわけです。

　現在では、病院の胃カメラで撮影したガンの写真（医師が事前に正解か不正解かのラベルがつけてある写真）を何千、何万枚と学習させた後、医療現場で実際のガン検診の写真をAIに診断させています。またイチゴを収穫するロボットカメラに、熟して出荷可能なイチゴ（農家の人が事前に正解か不正解かのラベルがつけてある写真）を学習させ、ロボットアームがカメラでひとつひとつ判断して出荷可能なイチゴだけを収穫させることが可能となっています。これまで機械学習では人が「特徴量」をプログラムする必要（教師あり学習）がありましたが、ディープラーニングではコンピュータ自ら学習データから特徴量を抽出（学習）するため、人が実際に行っている「画像からの対象の認識」（ガンかどうか、イチゴが熟しているかどうか）の能力を身につけることが可能となっています。

第5節　ビジネスでのAIの応用

　既にビジネスの世界では、インターネット利用者の検索履歴や投稿内容からAIが言語解析や画像解析を行い、素早く消費者のニーズや商品のトレンドを把握することで企業の生産・販売・経営、また消費者の商品の選択において、意思決定をサポートしています。

　例えば2006年にスタートしたツイッターは、瞬く間に世界で利用され、多くの若者の心をつかみました。ツイッター社の利益は、ツイッター内の「ターゲティング広告（狙い撃ち広告）」が主な利益です。ツイッターにアクセスする人の興味をその人のツイッターの内容からリサーチして（ここに最新技術が使用）、ひとりひとり個別に作成されたターゲティング広告を表示します。あなたのツイートの文章に、旅行、ヨーロッパ、歴史とたびたび出てくる場合は、「ヨーロッパの歴史関連を巡る旅行に興味がある」とAIは推測します。ツイートの文章は、プライベートな興味や関心の集まりと言っても良いでしょう。この情報を分析して、効率よく高い確率でその人の行動が予想可能となれば、ターゲティング広告の精度も上がり、広告を依頼した企業の利益を上げることにつながります。このような広告モデルを、フェイスブック社、グーグル社、アマゾン社なども応用しています。

　またツイートのデータを応用している企業も多くあります。ツタヤ（DVDレンタル）は、顧客のツイートからその選好を分析し、ひとりひとりにあった映画をお薦めするサービスを行っています。IBMパーソナリティ・インサイツ社は、ツイート内容からAIによる「性格分析」を行い、「外向性○○％」「内向性○○％」など指標ごとに性格に関する数値を分析するサービスを行っています。

　グーグル社では、検索ワードが入力されたとき、世界のあらゆる情報

から一瞬に数千、数万の関連した情報をランキングとして検索する機能を世界に先駆けて開発しました。現在では検索者が知りたい情報をより的確に表示させるために、AIが大量の情報の中から最も的確な情報を探し出しています。

　アップル社では、スマートフォンやスマートウォッチに搭載する軽いAIを開発し、これまでのクラウドによるAI利用（インターネット上での利用）を、「エッジ」（各機器）に直接搭載することでさらに個人に特化したAI開発を目指しています。またiPhone搭載の「Siri」では、「音声認識」「自然言語理解」「命令の実行」「返答」をAIで行っています。

　フェイスブック社では、１日10億回以上の投稿された写真の中から犯罪、暴力、ポルノに関する写真や、またフェイクニュースや自殺をほのめかす投稿などのチェックにAIが応用されています。さらに、フェイスブックの90％以上の収益を生み出している各ユーザーへのターゲッティング広告の決定もAIが担っています。

　アマゾン社の「レコメンデーション機能（お薦め機能）」、株式会社メルカリの「不正取引を行うユーザーの監視」、株式会社ZOZOの「古着への自動値づけ」など、多様な分野にAIが応用され、高い成果をあげています。

第6節　自動運転車とAI

　近年、注目されている自動運転車は、AIなしでは実現が難しく、AIの進化が自動運転車の実現を支えていると言えます。現在日本だけではなく、アメリカ、中国、ヨーロッパなどが完全運転自動化に向けて、しのぎを削っています。完全な自動運転車の実現には、「人の運転技術以上の力を持つAI」の開発が早急に求められています。

　完全運転自動化システムのプロセスは、「認知」「判断」「操作」の3つに分類されて開発が進んでいます。この3つのプロセスは意思決定と深く関係しています。「認知」とは、自分の自動車の位置を正確に認識し、他の自動車や歩行者、道路と歩道、交差点や曲がり角、そして目的地などを正確に知ることです。「判断」とは、走り始めから目的に着くまで、走る車線、曲がる交差点、前後左右の自動車や歩行者との関係性などを最適に保つための行動の選択・決定を行います。また目的地までの最適なルートを、道路状況、渋滞状況などから決定します。「操作」とは、目的地までのアクセル、ブレーキ、ハンドル、スピードなど自動車のコントロールを行います。さらに重要な技術が「ダイナミックマップ（デジタル地図）」と言われる「人や車の位置、信号、渋滞情報、工事・規制情報、車線情報などを掲載し、通信システムとの連携によりリアルタイムでダイナミックに変化する地図」です。安全な自動運転を実現するためには、走る自動車とあらゆる周辺環境の情報がリアルタイムで通信を行いながら、さらに突発的なトラブルなどにも対応する技術が必要となります。

　完全運転自動化に必要な様々な「認知」「判断」「操作」について具体的に考えてみましょう。まず車に人が乗り込み、行き先を伝えます。自動運転車は、音声認識から「目的地を決定」しますが、住所なのか、建物名なのか、抽象的内容（例えば「近くの病院まで」）なのかを判断した上で（ときには乗車する人に質問をして）、マップ上でその位置を確定します。次に「目的地までのルート」を検索しますが、工事中や交通規制、渋滞情報、有料道路を使用するかどうかなどの決定が必要です。さらに利用者には、シートベルトの着用、室内の温度の調整、支払い方法などの確認も必要となります。いよいよ車が動き出します。エンジン

をかけ、前後左右を確認し、目的地まで向かいます。街の中が全て自動
運転車となっていれば自動運転車同士が通信を行い車間距離やスピード
をコントロールすることは容易ですが、自動運転車の導入当初は、人間
のドライバーによる乱暴な運転など予想が難しい場合も多くあります。
さらに、自転車、バイク、歩行者など不確定な動きを常にセンサーで確
認・予想をして、回避行動を考慮しながら走行することが必要です。そ
の間、常にGPSで自分自身の位置を確認し、交差点を直進するのか曲が
るのか、車線は右か左か、停車している車をどのように避けるのかなど、
判断することはリアルタイムで山積みです。この数々の意思決定の連続
をリアルタイムで瞬時に通信を行いながら実行するためには、AIによ
る制御が欠かせません。

　現在、世界の自動車企業だけではなく、多くのAI関連企業がこの新
しい自動運転車の開発にしのぎを削っています。これまで自動車という
工業製品を独占的に生産・販売する巨大な国際企業である自動車企業
が、現代ではAI企業や情報関連企業などと手を組み自動運転車の開発
に取り組んでいます。

第7節　金融とAI

　皆さんは、現金以外で支払いをした経験はありますか？　既にコンビ
ニやスーパーマーケットでも電子マネーでの支払いが可能となり、鉄道
各社もプリペイド式カードなどの使用が行われています。この数年で急
速に電子化していることに戸惑っている人も多いようです。

　1990年代頃より、リーマンショックや金融危機を経て、これまでの金
融機関のサービスと、急速に発展した情報技術の進化を結びつけた変化
や動きを「フィンテック（FinTech）」と呼び、これは金融（Finance）

と技術（Technology）の2つの語句を組み合わせた造語です。金融における意思決定が必要な場面において、コンピュータやAIがビッグデータを用いて瞬時にかつ正確に行うようになってきています。

　銀行が行っているお金を貸し出す相手の信用調査（与信審査：お金を貸し付ける相手に、返却する力、資産があるかどうかの審査）は、これまでは銀行員が大量のデータから経験などを含めて何カ月もかかって調査を行い決定していました。現在ではAIによって瞬時に判断を行うことが可能となっています。

　また、株式の売買においても、市場の動向や社会の変化の情報を元に、証券取引のプロが行っていましたが、現在ではAIを利用したロボットアドバイザーが、助言を行ってくれるサービスや、売買そのものをAIに任せるサービスが増加しています。

　今後、AIを応用した様々な金融サービスが登場し、仮想通貨（暗号資産）の応用などを含めて金融市場はさらにデジタル化が進むでしょう。金融取引においてこれまでの人の経験や勘を頼りにする決定の時代から、ビッグデータをもとにしたAIが意思決定を担う時代へと急速に変化していくことが予想されます。

第6章　意思決定の未来

　近い未来、私たちは意思決定を行うための情報収集などが不要となり、朝起きてから夜寝るまで、AIが選択した行動に従う時代が来るかもしれません。選ぶ大変さから解放されるとともに、一方でショッピングなど選ぶ楽しみがなくなるかもしれません。私たちが意思決定を行わない未来は、私たちは幸せなのでしょうか？　自分自身の職業や結婚相手、進路先の選択をどこまでAIに任せることができるのでしょうか？

第1節　AIと意思決定

　近い未来、人と同じような意思決定を、AI自らできるようになるのでしょうか？　AIが人の能力を超える未来が本当にくるのでしょうか。またAIが人の能力を超えるそのときに、AIに心が宿るのでしょうか。

　この答えを求めるには、まず「人はどのように意思決定を行っているのか」「人の能力とは何か」「人の心とは何か」を明確にさせなければなりません。

　これまで見てきたように、AIによる意思決定の力は多様な分野で発揮されています。特定の能力では既にチェス、将棋、囲碁の世界で、人の能力を超えている分野もあります。またビッグデータを処理する分野においても、人の能力を遥かに超えています。このように、ひとつひとつルールや方法が明らかになっていることについては、人の能力を超えている部分も多くありますが、創造的な活動においてはまだ追いついていないと言えるでしょう（ただし、既にAIが描いた絵、AIが作曲した曲などがありますが、まだまだ上手いとは言えないものです。AIは過

去の何千、何万という絵や曲を学習した上で、新しいものを創っています。これは人の創造性を養うプロセスと似ています）。

　では、AIに人の心と同じようなものが生まれる可能性はあるのでしょうか？　生まれたばかりの赤ちゃんが、全く意思を伝えられず相手の言葉も分からず、自分では食事も取れない状態から、言葉を憶え、食事や運動をし、家族という小さな社会で学び、やがて幼稚園、小学校へと大きな社会へと順応して大人へと成長していきます。人を構成している細胞も、宇宙に存在している物質の組み合わせです。その組み合わさった物質の中に「心」が宿っているという不思議な現象は、何か特別なものが私たちの身体の中にあるのでしょうか。それとも偶然に「心」が宿ったのでしょうか。同じように心が、金属やシリコンでできているAIに宿ることが可能なのでしょうか。

　AIのように学習力を持つ頭脳と、総合的な動作を可能とする身体を組み合わせたアンドロイド（もしくはロボット）が誕生した場合、自分の子どもを育てるように何年も何十年もかけて、人としての考え方や生活の仕方などを教え続けた場合、どうなるでしょうか？　人の赤ちゃんの成長を考えた場合、人はあらかじめ何かがプログラムされているため、生まれてから多様な能力を獲得できるのでしょうか？　それとも自らの頭と手足で、多様な能力を獲得しているのでしょうか？　同じように、AIを搭載した頭脳と、動ける身体を組み合わせたアンドロイドを、赤ちゃんを育てるように時間をかけて教えることで、アンドロイドに「心」は宿るのでしょうか。人の進化のように何万年も時間があれば、可能でしょうか？

第 2 節　意思決定と心の関係

　友だちと別れた後に夕日を見て悲しい気持ちになったり、旅行に行っ
て広大な景色を見て美しいと感じたりする経験は誰でも持っています。
喜怒哀楽と言われる私たちの感情は、心と意思決定とどのように関連し
ているのでしょうか？

　友だちと旅行に行く前に、南の島のビーチと、高原リゾートのどちら
にするか決める場面で、自分の過去の体験や、テレビやインターネット
で見た旅行番組のシーンなどの情報が意思決定の根拠となります。南の
島のビーチでとても楽しい体験をした友人の話を聞いていれば、ビーチ
を選び、高原リゾートで夏の熱さを忘れる映像を見た人は高原リゾート
を選ぶ理由となります。一方、過去に海で溺れそうになるなど怖い体験
をした人はビーチを避けるでしょう。山での遭難事件の映画を観た人は
高原リゾートを避けるでしょう。この例ではプラスとマイナスの感情が
意思決定に大きく影響しています。

　意思決定の根拠となる「価値観」は、ひとりひとりの過去の体験や、
多様な情報の組み合わせに、感情というラベルがつけられて記憶の中に
保存されています。私たちの心の中で複雑に形作られた価値観は、体
験・情報・感情などが入り交じって形成され、時間の経過の中で、新し
く強い体験・情報・感情の情報が入ってくるたびに書き換えられ、更新
されます。「価値観」は多様な側面を持ち、倫理的価値観や経済的（金
銭的）価値観、哲学的価値観など、多様な視点から形成されています。
また１つの価値観と異なる価値観が融合されたり、対立したまま持って
いたり、人それぞれの心の中には、何千、何万という細かい価値観が積
み重ねられ、複雑に交差しながら形成されています。

　このように私たちの意思決定の根拠の源を探ると、人が持っている価

値観に行き着きます。人生において大切な意思決定から、日常的な意思決定、私たちが無意識に行っている意思決定まで、これまでの体験・情報・感情をもとにした価値観を評価基準として、最適な意思決定（自分はそう思っている）を行っているのです。

　現在AIが行っているデータ分析は、私たちの過去の意思決定の積み重ねを分析して、つまり「結果の集合体」から推測した未来の選択肢を選び出しています。購入した本の履歴からお薦めの本を探して提案し、SNSの文章やアップした写真から好みのレストランをお薦めしてくれます。

　今後AIが私たちひとりひとりの多様な情報から、AIがその人の価値観を作り上げて、その価値観をもとに意思決定を支援するようになってくるでしょう（過去のあなたのデータの集積からAIがあなたの価値観を創り出します）。これは、AIが結果から推測するのではなく、ひとりひとりの価値観から相手を推測する「人の思考方法」に近づいていると言えるでしょう。AIが人の考えを先回りして、アドバイスをしてくれることになれば、とても信頼できるAIとなり、人はAIにまるで心があるように感じることになるかもしれません。

第3節　AIの意思決定と人の感情との関係

　人が持つ価値観をAIが推測することが可能であっても、その価値観の意味を本当にAIが理解することができるのでしょうか。

　身体を持つAIも将来誕生することになるでしょう。堅い・柔らかい、熱い・冷たいなど皮膚から伝わる触覚や、良い匂い・良くない臭いという嗅覚から伝わる情報は、今後触覚センサーや匂いセンサーで情報として認識し、分析することが可能となるでしょう。しかし、夕日を見て悲

しい気持ちや、料理の匂いから優しい母親を思い出すような、視覚・嗅覚情報などから感情を生み出すことは大変難しいように考えられます。

そもそも夕日を見て悲しい気持ちになる原因はどこにあるのでしょうか。私たちの祖先が、天文学や気象学を知らない時代に、夜が来ることに対する恐れを持つように、本能に組み込まれているのでしょうか。それとも子どもの頃に夕方になると楽しく遊んでいた友だちと別れる体験が悲しくさせるのでしょうか。視覚情報が、身体の危険情報と結びつき、夕日の次に来る夜に対する警戒心が、夕日とその後の恐怖という感情と結びついて警告する役割を果たしているのかもしれません。

人が持っている感情は、私たちの生存本能と視覚・嗅覚・触覚などと結びつき、種の保存・継続としての役割を果たしています。「人を愛する感情」は、子孫を産み、育てて行く意思決定・行動のために欠かせないものです。「怒り・恐怖」は危険から身を守る意思決定を起こさせます。難しい意思決定を行わなければならない場面で、「冷静に判断せよ」とよく言われるのは、感情に振り回されずに冷静に考えることが必要である、ということです。怒りに任せて、喜びに任せて、悲しみに任せて、人は時に常軌を逸した行動を取る場合があります。意思決定において、感情はとても重要な要素であるにもかかわらず、社会の中でコントロールしながら、ときには熱く、ときには冷静に、向き合っているのです。

このように感情が意思決定において、大変重要な役割を担っているため、AIが人と同じように意思決定を行うことはかなり難しいと言えるでしょう。感情が、意思決定における重要な価値観の形成に影響を与えているという事実は、AIに感情が生まれない限り、AIは人と同じ意思決定を行うことができない、という結論になります。反対に、AIが感情を持つことができれば、人と同じような意思決定を行うことができる

ということになります（意思決定以前に、感情を持ったAIができることが私たちの未来を大きく変えることになります）。

　AIが身体を持ち、人が10年、20年で体験する出来事やあらゆる情報を積み重ねたときに、感情に似たものが生まれる可能性はあるのでしょうか？

　私たちは有限の存在で、死を迎えることを知っています。有限の存在であるが故に、家族や友人に対する愛が生まれ、故郷の風景に心が揺さぶられるのかもしれません。AIに有限性を理解させることが可能でしょうか？　100年で破壊する運命をAIに与えたら、感情に近いものが生まれるでしょうか？　AIが感情を持つ遠い未来を期待するべきなのか、それともAIが感情を持つことを妨げる方法を考えるべきなのでしょうか？　私たちとAIとの共同生活はこれから始まるところです。現在の研究は驚くほどのスピードで進んでいます。10年、20年後の未来に、人類が今以上に幸福な生活を送るためにも、AIとの関係を深く真剣に考え続けなければなりません。

▐▌ おわりに ▐▌

　多様な分野における意思決定に関する研究を紹介してきました。紹介した事例は、意思決定に関係する分野のごく一部です。私たちの周りには多様な意思決定の場面があり、それぞれいろいろな方法で意思決定が行われていることを分析してきました。私たち自身振り返ってみると、一度しかない意思決定を行う場面や、繰り返し行う意思決定の場面など多様な経験を持っています。一度しかない意思決定をどのように行うのか、その意思決定の責任を負うのも自分です。

　私自身も、もし違う大学に入っていたら、違う職業を選んでいたら、人生で今とどのような違いが生まれていたのか考えることがあります。選ばなかった選択肢が生み出す結果は、どこまでも予想の範囲を超えません。選んだ選択肢の結果は、目の前にあります。選んだ選択肢の結果が良くないときに、人は選ばなかった選択肢の可能性に夢をはせることが多いのでしょうか？

　日常的な意思決定では、選択の失敗を、次の意思決定に生かせることができます。AIがこれほどまで人の能力を超える力を持ってきた大きな要因は、意思決定の失敗をフィードバックさせて、次の意思決定へ生かしていることがあげられます。失敗を失敗のまま終わらせることなく、次の意思決定に生かすことで、私たちの生活を豊かにする方向へ進めることになります。日々の意思決定を、意識して生活することを始めてみませんか。

参考文献

＜はじめに＞

ハーバート・A・サイモン「新版システムの科学」パーソナルメディア社、1989年

ハーバート・A・サイモン「意思決定の科学」産業能率大学出版社、1979年

ハーバート・A・サイモン「新版経営行動」ダイヤモンド社、2009年

トーマス・カスカート「正義は決められるのか？　トロッコ問題で考える哲学入門」かんき出版、2015年

マイケル・サンデル「これからの『正義』の話をしよう―今を生き延びるための哲学」早川書房、2011年

＜第1章＞　身体の中の連続的な意思決定

安藤寿康「なぜヒトは学ぶのか　教育を生物学的に考える」講談社現代新書、2018年

那波宏之「脳の神秘と疑問―ヒトの脳は何を考える―」新潟日報事業社、2004年

池谷裕二「進化しすぎた脳―中高生と語る『大脳生理学』の最前線」講談社、2007年

甘利俊一「脳・心・人工知能―数理で脳を解き明かす―」講談社、2016年

＜第2章＞　合理的意思決定

スティーブン・F・バーガー「数学の哲学」培風館、1969年

佐貫亦男「第2次世界大戦イギリス空軍のOR（OR in the Royal Air Force During the 2 nD World War)」日本航空宇宙学会誌　第20巻　第224号、1972年

イツァーク・ギルボア「合理的選択」みすず書房、2013年

イツァーク・ギルボア「意思決定理論入門」みすず書房、2012年

松原望「意思決定の基礎」朝倉書店、2010年

宮川公男「意思決定論―基礎とアプローチ―」中央経済社、2005年

小和田正ほか「OR入門―意思決定の基礎」実教出版、2006年

米田二良「計算問題中心の線形代数」学術図書、2008年

キース・スタノヴィッチ「現代世界における意思決定と合理性」太田出版、2017年

籠屋邦夫「意思決定理論の技法―未来の可能性を最大化する」ダイヤモンド社、1997年

＜第3章＞　限定的意思決定

イツァーク・ギルボア「不確実性下の意思決定理論」みすず書房、2014年

久保幹雄・J．P．ペドロソ「メタヒューリスティクスの数理」共立出版、2009年

J.フォン・ノイマン、O.モルゲンシュテルン「ゲーム理論と経済活動 I 」筑摩書房、2009年

ハーバートビジネスレビュー「意思決定の教科書」ダイヤモンド社、2019年

木下栄蔵「入門AHP決断と合意形成のテクニック」日科技連出版、2006年

木下栄蔵「AHPの理論と実際」日科技連出版、2000年

木下栄蔵「戦略的意思決定手法AHP（シリーズ　オペレーションズ・リサーチ）」朝倉書店、2007年

刀根薫「AHP事例集―階層化意思決定法」日科技連出版、1990年

ジェームズ・ミラー「仕事に使えるゲーム理論」阪急コミュニケーションズ、2008年

レン・フィッシャー「日常生活に潜むゲーム理論」日経BP、2010年

逢沢明「ゲーム理論トレーニング」かんき出版、2003年

＜第4章＞　情報の確かさ

ダニエル・カーネマン「ファスト＆スロー　あなたの意思はどのように決まるか？」早川書房、2012年

ダニエル・カーネマン「ダニエル・カーネマン　心理と経済を語る」楽工社、2012年

リチャード・セイラー「行動経済学入門」ダイヤモンド社、2007年

澤木久之「シグナリングのゲーム理論」勁草書房、2014年

藪下史郎「非対称情報の経済学　スティグリッツと新しい経済学」光文社新書、2002年

笹原和俊「フェイクニュースを科学する　拡散するデマ、陰謀論、プロパガンダのしくみ」化学同人社、2018年

一田和樹「フェイクニュース　新しい戦略的戦争兵器」角川出版、2018年

福田直子「デジタル・ポピュリズム　操作される世論と民主主義」集英社新書、2018年

ノーム・チョムスキー「マニュファクチャリング・コンセント　マスメディアの政治経済学 I II 」トランスビュー社、2007年

ノーム・チョムスキー「メディア・コントロール　正義なき民主主義と国際社会」集英社新書、2003年

水島治郎「ポピュリズムとは何か　民主主義の敵か、改革の希望か」中公新書、2017年
堤未果ほか「支配の構造　国家とメディア―世論はいかに操られるか」SB新書、2019年

＜第5章＞　コンピュータ・AIと意思決定
ニック・ボストロム「スーパーインテリジェンス　超絶AIと人類の命運」日本経済新聞出版社、2017年
松尾豊「人工知能は人間を超えるか　ディープラーニングの先にあるもの」角川書店、2016年
NHKスペシャル取材班「人工知能の『最適解』と人間の選択」NHK出版、2017年
高橋透「文系人間のための『AI』論」小学館新書、2017年
森川幸人「僕らのAI論」サンケイ・アイ新書、2019年
谷田部卓「未来IT図解　これからのAIビジネス」インプレス、2018年
岩田昭男「キャッシュレス覇権戦争」NHK出版、2019年
佐藤洋行「AI時代の意思決定とデータサイエンス」多摩大学出版会、2019年
西垣通「ビッグデータと人工知能　可能性と罠を見極める」中央公論新社、2016年
キャッシー・オニール「あなたを支配し、社会を破壊する、AI・ビッグデータの罠」合同出版、2018年
丸山俊一他「AI以後　変貌するテクノロジーの危機と希望」NHK出版、2019年
スコット・ギャロウェイ「GAFA四騎士が創り変えた世界」東洋経済社、2018年
江澤隆志「徹底研究！！GAFA」洋泉社、2019年
廣松隆志「10年後のGAFAを探せ」日経BP、2019年

＜第6章＞　意思決定の未来
三宅陽一郎「人工知能のための哲学塾」ビー・エヌ・エヌ新社、2016年
三宅陽一郎「人工知能のための哲学塾　東洋哲学篇」ビー・エヌ・エヌ新社、2018年
岡本裕一郎「人工知能に哲学を教えたら」SBクリエイティブ、2018年
児玉哲彦「人工知能は私たちを滅ぼすのか―計算機が神になる100年の物語」ダイヤモンド社、2016年
西垣通他「AI倫理―人工知能は『責任』をとれるのか」中央公論新社、2019年
ジョージ・ザルカダキス「AIは『心』を持てるのか」日経BP、2015年

ノーム・チョムスキー「我々はどのような生き物なのか」岩波書店、2015年

アントニオ・R・ダマシオ「デカルトの誤り　情動、理性、人間の脳」筑摩書房、2010年

ダニエル・C・デネット「心はどこにあるのか」筑摩書房、2016年

前野隆司「脳はなぜ『心』を作ったのか　『私』の謎を解く受動意識仮説」筑摩書房、
2010年

茂木健一郎「脳とクオリア―なぜ脳に心が生まれるのか―」日経サイエンス社、2007年

リサ・フェルドマン・バレット「情動はこうしてつくられる　脳の隠れた働きと構成主
義的情動理論」紀伊國屋書店、2019年

マルクス・ガブリエル「なぜ世界は存在しないのか」講談社選書、2018年

マルクス・ガブリエル「私は脳ではない」講談社選書、2019年

マルクス・ガブリエル「新実存主義」岩波新書、2020年

■ 著者紹介

田中　一裕（たなか　かずひろ）

1961年　　新潟県に生まれる
1984年　　法政大学経済学部経済学科卒
1984年〜2017年
　　　　　新潟県高等学校教諭
2009年　　新潟大学大学院教育学研究科教科教育専攻社会科教育専修修了
2013年　　新潟大学大学院現代社会文化研究科後期博士課程修了（博士（教育学））
2017年〜　新潟大学准教授（創生学部）
2017年〜　総務省・主権者教育アドバイザー

『社会科授業力の開発中学校・高等学校編』2008年、明治図書、共著
『社会科教育の今を問い、未来を拓く：社会科（地理歴史科、公民科）授業はいかにしてつくられるか』2017年、明治図書、共著
『高校生のための主権者教育ハンドブック』2017年、明治図書、共著
など

ブックレット新潟大学73
未来を歩くためのスキル—AI時代に求められる意思決定力—

2021（令和3）年2月28日　　初版第1刷発行

編　者——新潟大学大学院現代社会文化研究科
　　　　　ブックレット新潟大学編集委員会
　　　　　jimugen@cc.niigata-u.ac.jp

著　者——田中　一裕

発行者——渡辺英美子

発行所——新潟日報事業社

〒950-8546　新潟市中央区万代3-1-1　新潟日報メディアシップ14F
TEL　025-383-8020　　FAX　025-383-8028
http://www.nnj-net.co.jp

印刷・製本——株式会社ウィザップ

「ブックレット新潟大学」刊行にあたって

　新潟大学大学院現代社会文化研究科は、さまざまな問題を現代という文脈の中で捉えなおすことを意味する「現代性」と、人間と人間、人間と自然が「共」に「生」きることを意味する「共生」、この二つを理念として掲げています。日本海側中央の政令指定都市新潟市に立地する本研究科は、東アジア、それを取り巻く環東アジア地域、さらには国際社会における「共生」に資する人材を育成するという重要な使命を担っています。

　現代社会文化研究科は、人文科学、社会科学、教育科学の幅広い専門分野の教員を擁する文系の総合型大学院です。その特徴を活かし、自分の専門領域の研究を第一義としながらも、既存の学問領域の枠にとらわれることなく学際的な見地からも研究に取り組み、学問的成果を上げてきました。

　現代社会・世界・地球環境はさまざまな課題をかかえています。環境破壊・地球温暖化現象、国家間の対立・紛争・テロ等、地球規模での解決困難な課題、少子高齢化、学校・教育問題、経済格差、AI等々の、社会生活・日常生活に関わる諸課題が山積しています。さらに、2020年に入り、新型コロナウイルス感染拡大が、国際社会、社会生活・日常生活のあらゆる領域に多大な影響を及ぼしています。本研究科の学問的営みは、これら「現代性」に関わる諸問題に向き合い、課題を発見・解決すると同時に、多様性を尊重し共に助け合いながら生きてゆく「共生」の精神に基づき、一人一人の可能性を引き出しつつ、真に豊かな人間社会を形成する可能性を追求してゆきます。

　「ブックレット新潟大学」は、現代社会文化研究科の研究成果の一端を社会に還元するため、2002年に刊行されました。高校生から社会人まで幅広く読んでいただけるよう、分かりやすく書かれています。このブックレットの刊行が、「現代性」と「共生」という研究科の理念を世界の人々と共有するための一助となることを心より願っています。

2020年11月

新潟大学大学院現代社会文化研究科
研究科長　　堀　　竜　一